PETIT ATLAS

DE

GÉOGRAPHIE MODERNE

POUR LE PREMIER AGE

Par G. BELEZE

ANCIEN CHEF D'INSTITUTION.

PARIS.

IMPRIMERIE ET LIBRAIRIE CLASSIQUES

De JULES DELALAIN

IMPRIMEUR DE L'UNIVERSITÉ

RUE DES ÉCOLES, VIS-A-VIS DE LA SORBONNE.

19424

PETIT ATLAS

DE

GÉOGRAPHIE MODERNE

POUR LE PREMIER AGE

Par G. BELEZE

ANCIEN CHEF D'INSTITUTION.

PARIS.

IMPRIMERIE ET LIBRAIRIE CLASSIQUES

DE JULES DELALAIN

IMPRIMEUR DE L'UNIVERSITÉ

RUE DES ÉCOLES, VIS-A-VIS DE LA SORBONNE.

—

1863.

TABLE DES NOTIONS DE GÉOGRAPHIE.

TABLE DES CARTES DU PETIT ATLAS.

On trouve à la même librairie :

Petite Géographie, pour le premier âge, avec notions de géographie sacrée et questionnaires spéciaux, par *M. G. Beleze :* sixième édition ; ouvrage autorisé pour les écoles publiques par décision du 17 mai 1850 ; in-18, planisphère, cart. **75 c.**

Tout contrefacteur ou débitant de contrefaçons de cet Ouvrage sera poursuivi conformément aux lois ; tous les exemplaires sont revêtus de ma griffe.

NOTIONS DE GÉOGRAPHIE

POUR L'INTELLIGENCE DES CARTES.

Préliminaires.

1. Définitions. La *géographie* est la description de la terre; elle nous fait connaître le nom et la situation des divers pays.

La *terre* que nous habitons est un des corps célestes dont se compose l'univers; elle tourne dans l'espace autour du soleil, dont elle reçoit la lumière et la chaleur.

La *lune* est un satellite de la terre, qu'elle accompagne autour du soleil; elle ne brille que de la lumière du soleil qu'elle nous renvoie par réflexion.

2. Forme sphérique de la terre. La surface de la terre est courbe; sa forme générale est à peu près celle d'une sphère, ou, en d'autres termes, elle est ronde.

Dans les contrées planes, on aperçoit des objets nouveaux à mesure qu'on s'avance, tandis que ceux qui sont derrière nous finissent par disparaître. Quand un vaisseau s'éloigne du rivage, le corps du bâtiment cesse bientôt d'être visible à nos yeux; on n'en voit plus que les mâts, dont l'extrémité disparaît au delà de l'horizon sensible, ce cercle qui, en rase campagne ou en pleine mer, borne notre vue, et où le ciel semble toucher à la terre et à l'eau.

3. Mouvements de la terre. La terre n'est pas immobile dans l'espace, comme nos sens tendent à nous le faire croire. Elle est soumise au contraire à deux mouvements : un mouvement de rotation et un mouvement de révolution.

Le mouvement de rotation est un mouvement en vertu duquel la terre tourne sur elle-même d'occident en orient dans l'espace de vingt-quatre heures; ce qui donne le jour et la nuit.

Le mouvement de révolution est un mouvement en vertu duquel la terre tourne autour du soleil en trois cent soixante-cinq jours; ce qui donne l'année. Les diverses positions que la terre occupe vis-à-vis du soleil dans sa révolution annuelle produisent la différence des saisons,

Le mouvement que la terre fait sur elle-même s'exécute autour d'une ligne imaginaire qui la traverse et qui est appelée *axe*. Les deux extrémités de cette ligne se nomment *pôles*.

4. Sphères, globes, cartes, cercles. Les *sphères* ou *globes* sont des machines rondes qui ont été inventées, soit pour représenter la terre, soit pour expliquer les mouvements vrais ou apparents du ciel. — Les *cartes géographiques* représentent ou la terre entière, ou une partie du monde, ou une seule contrée. — On nomme *mappemonde* une carte géographique représentant la surface de tout le globe terrestre partagée en deux hémisphères.

Pour faciliter l'étude de la surface du globe terrestre et déterminer avec précision la position de ses différentes parties, on l'a divisé en cercles imaginaires. On compte six cercles principaux : deux grands et quatre petits.

Les deux grands cercles sont l'*équateur* et le *méridien*. L'*équateur*, cercle dont tous les points sont à égale distance des deux pôles, partage la terre en deux portions égales, l'une septentrionale, appelée *hémisphère boréal*, l'autre méridionale, appelée *hémisphère austral*. — Le *méridien* passe par les deux pôles, coupe l'équateur et divise aussi le globe terrestre en deux hémisphères, l'un *oriental*, l'autre *occidental*.

Les quatre petits cercles sont les deux *tropiques* et les deux *cercles polaires*. — Les *tropiques* sont deux cercles parallèles à l'équateur : l'un se nomme le *tropique du Cancer*, et l'autre, le *tropique du Capricorne*, parce qu'ils sont censés passer par ces deux constellations ou groupes d'étoiles ; le premier est dans l'hémisphère boréal, le second dans l'hémisphère austral. — Les deux *cercles polaires*, l'*arctique* et l'*antarctique*, sont parallèles aux tropiques et à l'équateur ; le cercle polaire arctique est dans l'hémisphère boréal, et le cercle polaire antarctique dans l'hémisphère austral.

5. Points cardinaux, rose des vents. Pour indiquer la position des lieux sur le globe terrestre, on a inventé quatre points principaux, appelés *points cardinaux;* ce sont : le *nord* ou *septentrion*, vers le pôle arctique; le *sud* ou *midi*, vers le pôle antarctique; l'*est*, nommé aussi *orient* ou *levant*, vers le point où le soleil paraît se lever; l'*ouest*, nommé aussi *occident* ou *couchant*, vers le point où le soleil paraît se coucher. On fait aussi usage des quatre points intermédiaires, placés entre les quatre points principaux; ce sont : le *nord-est*, entre le nord et l'est; le *nord-ouest*, entre le nord et l'ouest; le *sud-est*, entre le sud et l'est; le *sud-ouest*, entre le sud et l'ouest. On nomme *rose des vents* l'ensemble de ces diverses dénominations.

6. Degrés de latitude et de longitude. On est parvenu à déterminer la position des points les plus importants du globe terrestre, et, par suite, à y rapporter tous les autres, au moyen de la *latitude* et de la *longitude*.

La latitude est la distance d'un point quelconque à l'équateur; elle est donc *boréale* ou *septentrionale* au nord de ce cercle, et *australe* ou *méridionale* au sud.

La longitude est la distance d'un point quelconque à un premier méridien convenu; elle est *orientale* à l'est de ce premier méridien, et *occidentale* à l'ouest de ce cercle.

7. Zones. Sous le rapport de la température, on divise le globe terrestre en cinq *zones* ou bandes, qui tirent leur nom de leur climat général : la zone *torride*, c'est-à-dire *brûlée*, entre les deux tropiques; les deux zones *tempérées*, boréale et australe, entre les tropiques et les cercles polaires; les deux zones *glaciales*, entre chaque cercle polaire et le pôle correspondant.

Globe terrestre.

8. Définitions. La' surface du globe est partagée inégalement en *terres* et en *eaux*. Les terres, composées d'un grand nombre de parties détachées, occupent environ le quart de cette surface; les trois autres quarts sont couverts par les eaux.

9. Termes relatifs aux terres. Au milieu de la grande masse d'eau qu'on nomme *océan*, se montrent différentes portions de terre, toutes séparées les unes des autres : parmi ces portions de terre, trois se font remarquer par leur étendue et sont appelées *continents*. — Toutes les autres terres environnées d'eaux de tous côtés, quelle que soit leur étendue, se nomment *îles*. Une *presqu'île* ou *péninsule* est une portion de terre qui s'avance dans la mer, et qui tient au continent par une portion de terre plus ou moins large. — Lorsque cette portion de terre n'excède pas le tiers de la largeur de la presqu'île, on l'appelle *isthme*. — On appelle *cap* ou *promontoire* l'extrémité d'une terre qui s'avance en pointe dans la mer.

Les *montagnes* sont les éminences les plus considérables de la terre. Une suite de montagnes dont la base se touche s'appelle *chaîne*. — On nomme *versant* la pente d'un des côtés d'une chaîne de montagnes. — Un *volcan* est une montagne qui vomit, par une ouverture appelée *cratère*, des matières fondues nommées *laves*; on donne le nom de *geysers* à des volcans qui lancent des jets d'eau chaude. — Les *vallées* sont formées par les écartements des chaînes de montagnes. — Une *gorge* est une partie de vallée très-étroite. — Un passage étroit entre deux montagnes escarpées, ou entre une montagne et la mer, prend le nom de *défilé*.

10. **Termes relatifs aux eaux.** L'*océan* est la masse d'eau salée qui environne les terres et se subdivise en plusieurs grandes parties. — Les *mers* sont des parties de l'océan qui prennent des noms particuliers. — On appelle *golfes* des enfoncements plus ou moins considérables que la mer forme souvent sur les côtes. — Le nom de *baie* s'applique aux portions de mer plus petites qu'un golfe. — Un *détroit* est une portion de mer resserrée entre deux terres, et qui fait communiquer deux mers ou deux parties de mer. — On appelle *lacs* des amas d'eau entourés de tous côtés par des terres et n'ayant aucune communication immédiate avec la mer.

Les *fleuves* sont des cours d'eau douce grossis ou formés par la réunion de plusieurs rivières, et qui se rendent directement dans la mer. — Les *rivières* sont des cours d'eau qui se jettent ordinairement dans une rivière plus considérable ou dans un fleuve. — Les bords d'un cours d'eau se nomment *rives* : la rive *droite* est celle qui se trouve à la droite de la personne qui suit le courant; la rive opposée est la rive *gauche*. — On nomme *cataracte* une grande chute d'eau produite par un brusque changement de niveau dans le cours d'un fleuve. — L'ensemble des pentes d'où découlent les rivières qui se jettent dans un fleuve s'appelle le *bassin* de ce fleuve.

Mappemonde.

11. Grandes divisions du globe. Les terres se divisent en cinq parties principales : l'*Europe*, l'*Asie*, l'*Afrique*, formant l'ancien continent; — l'*Amérique* ou le *nouveau monde*, qui forme le nouveau continent; — l'*Océanie* ou le *monde maritime*, comprenant l'Australie et les îles situées au sud-est de l'Asie ou dispersées dans le grand Océan.

Les eaux ou les mers comprennent cinq divisions principales : l'*océan Atlantique*, entre l'Europe et l'Afrique, à l'est, et l'Amérique, à l'ouest; — le *grand Océan*, nommé aussi *océan Pacifique* ou *mer du Sud*, entré l'Asie et l'Océanie, à l'ouest, et l'Amérique, à l'est; — l'*océan Indien* ou *mer des Indes*, au sud de l'Asie, à l'est de l'Afrique et à l'ouest de l'Océanie; — l'*océan Glacial arctique* ou *du Nord*, au nord de l'Amérique, de l'Asie et de l'Europe; — l'*océan Glacial antarctique* ou *du Sud*, au sud de l'Amérique et de l'Océanie.

12. Races d'hommes. Les divers peuples répandus sur la surface de la terre appartiennent à trois races principales : la race *blanche* ou *caucasique*, qui habite l'Europe, la partie occidentale de l'Asie, la partie septentrionale de l'Afrique et une grande partie de l'Amérique; — la race *jaune* ou *mongolique*, occupant le nord de l'Asie et de l'Europe, la partie orientale et centrale de l'Asie, une partie de l'Océanie; — la race *noire* ou *éthiopique*, comprenant les nègres de l'Afrique et de l'Océanie.

Europe.

Superficie. 10,000,000 de kilomètres carrés.
Population. 280,000,000 d'habitants.

13. Position. L'Europe occupe la partie nord-ouest de l'ancien continent, auquel elle se rattache seulement à l'est : partout ailleurs c'est la vaste étendue des mers qui l'entoure.

14. Bornes. Au N., l'océan Glacial arctique; — à l'E., les monts Ourals, le fleuve Oural, la mer Caspienne; — au S., les monts Caucase, la mer Noire, l'Archipel, la mer Méditerranée, le détroit de Gibraltar; — à l'O., l'océan Atlantique et ses subdivisions, la mer de France, la mer du Nord, etc.

15. Mers. Les principales mers de l'Europe sont : la *mer Blanche*, formée par l'océan Glacial arctique ; — la *mer Baltique,* la *mer du Nord*, la *mer d'Irlande*, la *Manche*, la *mer de France,* la *mer Méditerranée*, formées par l'océan Atlantique ; — la *mer Adriatique,* la *mer Ionienne*, l'*Archipel*, la *mer Noire*, formées par la Méditerranée ; — la *mer Caspienne*, sans communication avec les autres mers.

16. Iles. Les plus grandes îles de l'Europe sont : le *Spitzberg*, dans l'océan Glacial arctique ; — l'archipel *Danois*, dans la mer Baltique, — l'*Islande*, les îles *Britanniques*, dans l'océan Atlantique ; — la *Corse*, la *Sardaigne*, la *Sicile*, les îles *Ioniennes*, l'île de *Candie*, dans la Méditerranée.

17. Montagnes. Des chaînes de montagnes considérables couvrent une partie de l'Europe. — Les monts *Ourals* séparent l'Europe de l'Asie. — Les *Alpes scandinaves* ou les monts *Dofrines* s'étendent sur la Suède et la Norwége.— Les *Pyrénées* servent de frontières à la France et à l'Espagne. — Les *Alpes* dominent en partie le sud-est de la France, la Suisse entière, l'Italie septentrionale et la partie occidentale de l'Autriche.—Les *Apennins* dominent le centre de l'Italie, du nord-ouest au sud-est. — Les monts *Krapacks* où *Carpathes* s'étendent sur le nord-est de l'Autriche. — Les monts *Balkans* s'étendent sur le nord-est de la Turquie. — Les monts *Caucase* dominent au sud-est les frontières de l'Asie.

18. Fleuves. L'Europe est arrosée par un grand nombre de fleuves remarquables.—L'*Oder*, la *Vistule*, le *Niémen,* la *Néva*, se jettent dans la mer Baltique ; — l'*Elbe*, le *Rhin*, la *Meuse,* la *Tamise*, dans la mer du Nord ; — la *Seine* se jette dans la Manche ; — la *Loire*, la *Gironde*, le *Tage*, la *Guadiana,* se rendent dans l'océan Atlantique ; — le *Rhône* se jette dans la mer Méditerranée ; — le *Pô*, dans la mer Adriatique ; — le *Danube,* dans la mer Noire ; — l'*Oural*, le *Volga,* se rendent dans la mer Caspienne.

19. Divisions et capitales. L'Europe renferme seize parties principales :

Au N., les *Iles Britanniques*, capitale, *Londres*, villes principales, *Édimbourg* et *Dublin ;* — le *Danemark*, capit. *Copenhague ;* — la *Suède* et la *Norwège*, capit. *Stockholm* et *Christiania ;* — la *Russie*, avec la *Pologne*, capit. *Saint-Pétersbourg*, villes princip. *Moscou, Varsovie ;*

Au centre, la *France*, capit. *Paris*, villes princip. *Lyon*, *Marseille*, *Bordeaux*, *Toulouse* ; — la *Belgique*, capit. *Bruxelles* ; — les *Pays-Bas* ou *Hollande*, capit. *La Haye*, villes princip. *Amsterdam*, *Rotterdam* ; — la *Suisse*, villes princip. *Berne*, *Bâle*, *Genève* ; — l'*Allemagne propre*, villes princip. *Francfort-sur-le-Mein*, *Hambourg*, *Hanovre*, *Munich*, *Stuttgart*, *Dresde* ; — la *Prusse*, capit. *Berlin*, villes princip. *Breslau*, *Posen*, *Dantzik*, *Cologne* ; — l'*Autriche*, capit. *Vienne*, villes princip. *Prague*, *Cracovie*, *Bude*, *Trieste* ;

Au S., l'*Espagne*, capit. *Madrid*, villes princip. *Barcelone*, *Séville* ; — le *Portugal*, capit. *Lisbonne* ; — l'*Italie*, villes princip. *Rome*, *Turin*, *Milan*, *Florence*, *Naples*, *Venise* ; — la *Turquie*, avec les *Principautés danubiennes*, capit. *Constantinople*, villes princip. *Boukharest*, *Iassy* ; — la *Grèce*, capit. *Athènes*.

Asie.

Superficie. 42,000,000 de kilomètres carrés.

Population. 420,000,000 d'habitants.

20. Position. L'Asie, la plus étendue et la plus peuplée des cinq parties du monde, appartient à l'ancien continent, dont elle occupe toute la partie orientale ; elle est située à l'E. de l'Europe.

21. Bornes. Au N., l'océan Glacial arctique ; — à l'E., le grand Océan et ses subdivisions, la mer de Béring, la mer de la Chine, etc. ; — au S., la mer de la Chine, l'océan Indien ; — à l'O. la mer Rouge, l'isthme de Suez, la Méditerranée, l'Archipel, la mer Noire, les monts Caucase, la mer Caspienne, le fleuve Oural, les monts Ourals.

22. Mers. Les principales mers de l'Asie sont : la *mer de Béring*, la *mer d'Okhotsk*, la *mer du Japon*, la *mer de la Chine*, formées par le grand Océan ; — la *mer Rouge* ou *golfe Arabique*, formée par l'océan Indien ; — la *mer Méditerranée*, formée par l'océan Atlantique ; — l'*Archipel*, la *mer Noire*, formées par la Méditerranée ; — la *mer Caspienne*, sans communication avec les autres mers.

23. Iles. Les plus grandes îles de l'Asie sont : les îles du *Japon*, l'île *Formose*, dans le grand Océan ; — l'île *Ceylan*, les îles *Maldives*, dans l'océan Indien; — les îles de *Chypre* et de *Rhodes*, dans la Méditerranée.

24. Montagnes. Les principales montagnes de l'Asie sont : les monts *Ourals*, entre l'Europe et l'Asie; — les monts *Altaï* et *Stanovoï*, dans la Sibérie; — les monts *Caucase*, dans la Caucasie; — le *Taurus*, dans l'Anatolie; — le *Liban*, dans la Syrie; — le mont *Sinaï*, en Arabie; — les monts *Himalaya*, au nord de l'Hindoustan.

25. Fleuves. L'Asie est arrosée par un grand nombre de fleuves considérables. — L'*Obi* et l'*Iéniséi* se jettent dans l'océan Glacial arctique; — l'*Amour* ou *Sakhalian*, le *Hoang-Ho* ou fleuve *Jaune*, le *Kiang* ou fleuve *Bleu*, dans le grand Océan; — le *Gange*, le *Sind* ou *Indus*, dans l'océan Indien; — le *Chat-el-Arab*, formé de l'*Euphrate* et du *Tigre*, se jette dans le golfe Persique; — l'*Oural* se rend dans la mer Caspienne.

26. Divisions et capitales. L'Asie comprend douze parties principales :

Au N., la *Russie d'Asie* (Sibérie et Transcaucasie), villes principales, *Tobolsk, Tiflis ;*

A l'O., la *Turquie d'Asie* (Anatolie, Arménie, Syrie, etc.), villes princip. *Smyrne, Bagdad, Damas, Jérusalem ;* — l'*Arabie*, villes princip. *La Mecque, Médine ;*

Au centre, le *Turkestan*, capit. *Boukhara ;* — le royaume de *Perse*, capit. *Téhéran ;* — l'*Afghanistan*, capit. *Kaboul;* — le royaume de *Hérat*, capit. *Hérat ;* — le *Béloutchistan*, capit. *Kélat;*

A l'E., l'empire de *Chine*, capit. *Pé-king*, villes princip. *Nan-king, Canton ;* — l'empire du *Japon*, capit. *Yédo;*

Au S., l'*Hindoustan*, villes princip. *Calcutta, Bombay, Lahore, Pondichéry ;* — l'*Indo-Chine* (Cochinchine, Siam, Malacca, etc.), villes princip. *Hué, Bangkok, Ava, Singapour.*

27. Possessions européennes. Plusieurs États de l'Europe possèdent des contrées importantes en Asie. — A la Russie appartiennent la *Sibérie* et la *Transcaucasie* ou région au delà du Caucase; à la Turquie, l'*Anatolie*, l'*Arménie*, la *Syrie, etc.* —L'Angleterre domine dans l'*Hindoustan*, où la France et le Portugal possèdent des territoires. — La France et l'Angleterre ont aussi quelques provinces dans l'*Indo-Chine*.

Afrique.

SUPERFICIE. 30,000,000 de kilomètres carrés.
POPULATION. 70,000,000 d'habitants.

28. Position. L'Afrique, l'une des cinq parties du monde, appartient à l'ancien continent, et forme une grande presqu'île qui tient à l'Asie par l'isthme de Suez ; elle est située au S. de l'Europe.

29. Bornes. Au N., la mer Méditerranée ; — à l'E., l'isthme de Suez, la mer Rouge et l'océan Indien ; — au S., le grand Océan ; — à l'O., l'océan Atlantique.

30. Mers. Les mers de l'Afrique sont : la *mer Méditerranée*, formée par l'océan Atlantique ; — la *mer Rouge* ou *golfe Arabique*, formé par l'océan Indien.

31. Iles. Les principales îles de l'Afrique sont : l'île de *Madagascar*, l'île de *France* ou *Maurice*, l'île de *la Réunion* ou *Bourbon*, dans l'océan Indien ; — les îles *Madère*, les *Canaries*, les îles du *Cap-Vert, Sainte-Hélène*, dans l'océan Atlantique.

32. Montagnes. Les chaînes principales de montagnes de l'Afrique sont : la chaîne de l'*Atlas*, qui s'étend parallèlement à la Méditerranée, de l'ouest à l'est ; — les monts de la *Lune* ou monts *El-Kamar*, dans la Nigritie ; — les monts de *Kong*, entre la Nigritie et la Guinée septentrionale ; — les monts *Lupata*, à l'ouest du Mozambique.

33. Fleuves. L'Afrique est arrosée par plusieurs fleuves importants. — Le *Nil* se jette dans la Méditerranée ; — le *Sénégal*, la *Gambie*, le *Niger* ou *Kouara*, le *Zaïre*, se jettent dans l'océan Atlantique ; — le *Zambèze* se rend dans l'océan Indien.

34. Divisions et capitales. L'Afrique renferme vingt parties principales :

Au N.-O., l'empire de *Maroc,* capit. *Maroc ;* — l'*Algérie,* capit. *Alger,* villes princip. *Oran, Constantine ;* — la régence de *Tunis,* capit. *Tunis ;* — la régence de *Tripoli,* capit. *Tripoli ;* — le *Sahara* ou *Grand Désert ;*

Au N.-E., l'*Égypte,* capit. *le Caire,* ville princip. *Alexandrie ;* — la *Nubie,* villes princip. *Maraka, Sennaar ;*

A l'O., la *Sénégambie*, villes princip. *Timbo, Saint-Louis;* — l'*Ouankara* ou *Guinée supérieure*, villes princip. *Coumassie, Benin;* — le *Congo* ou *Guinée inférieure*, villes princip. *San-Salvador, Cabenda;* — la *Cimbébasie;*

Au centre, la *Nigritie septentrionale* ou *Soudan*, villes princip. *Tombouctou, Kouka;* — la *Nigritie méridionale*, contrée peu connue;

A l'E., l'*Abyssinie*, ville princip. *Gondar;* — le *Somâl* (côtes d'Adel et d'Ajan), villes princip. *Zéila, Harar;* — le *Zanguebar* ou *Saouhaéli*, villes princip. *Quiloa, Melinde;* — le *Mozambique*, ville princip. *Mozambique;*

Au S., la *Hottentotie;* — la *Cafrerie*, villes princip. *Zimbaoé, Port-Natal;* — la colonie du *Cap de Bonne-Espérance*, ville princip. *le Cap*.

35. Possessions européennes. La France possède l'*Algérie*, des établissements dans la *Sénégambie*, l'île de la *Réunion* ou *Bourbon*. — L'Angleterre a la colonie du *Cap de Bonne-Espérance*, des établissements dans la *Sénégambie* et la *Cafrerie*, l'île de *France* ou *Maurice*. — Au Portugal appartiennent le *Mozambique*, les îles de *Madére* et du *Cap-Vert*, des établissements dans la *Sénégambie* et le *Congo*. — L'Espagne possède les îles *Canaries* et des forteresses dans l'empire de *Maroc*. — Les régences de *Tripoli* et de *Tunis*, la vice-royauté d'*Égypte*, certaines parties de la *Nubie* et de l'*Abyssinie*, sont sujettes ou vassales de la Turquie d'Europe.

Amérique.

SUPERFICIE. 41,000,000 de kilomètres carrés.
POPULATION. 60,000,000 d'habitants.

36. Position. L'Amérique, l'une des cinq parties du monde, forme le nouveau continent ; elle est située entre l'Asie et l'Océanie, à l'O., et l'Europe et l'Afrique, à l'E.

37. Bornes. Au N., l'océan Glacial arctique ; — à l'E., l'océan Glacial arctique, l'océan Atlantique ; — au S., l'océan Glacial antarctique ; — à l'O., le grand Océan, la mer de Béring, l'océan Glacial arctique.

38. Mers. Les principales mers qui baignent les côtes de l'Amérique sont : les *mers de Baffin* et d'*Hudson*, formées par l'océan Glacial arctique ; — la *mer de Béring*, formée par le grand Océan; — la *mer des Antilles*, formée par l'océan Atlantique.

39. Iles. Les îles les plus importantes de l'Amérique sont : les *Bermudes*, *Terre-Neuve*, dans l'océan Atlantique ; — les îles *Lucayes* ou de *Bahama*, la *Jamaïque*, *Haïti* et *Cuba*, qui font partie des *Grandes Antilles;* la *Guadeloupe*, la *Martinique* et la *Trinité*, qui font partie des *Petites Antilles*, dans la mer des Antilles ; — les îles *Aléoutiennes*, la *Terre-de-Feu*, dans le grand Océan.

40. Montagnes. Les chaînes de montagnes les plus considérables de l'Amérique sont : les montagnes *Rocheuses*, qui parcourent la Russie américaine et l'ouest de la Nouvelle-Bretagne et des États-Unis ;—les monts *Alléghany* ou *Apalaches*, à l'est des États-Unis ;—les *Andes* ou *Cordillères*, le long du grand Océan.

41. Fleuves. L'Amérique possède les plus grands fleuves du globe. — Le *Mackensie* se rend dans l'océan Glacial arctique ; — l'*Orégon* ou *Columbia*, dans le grand Océan ; — l'*Orénoque*, l'*Amazone*, le *Para* ou *Tocantin*, le *Rio de la Plata*, se jettent dans l'océan Atlantique ;—le *Saint-Laurent* se jette dans le golfe de son nom ; — le *Mississipi*, dans le golfe du Mexique ; — la *Madeleine*, dans la mer des Antilles.

42. Divisions et capitales. Le continent américain forme deux grandes presqu'îles : — l'une au nord, appelée *Amérique septentrionale* ou *du Nord;* — l'autre au sud, nommée *Amérique méridionale* ou *du Sud*.

L'Amérique septentrionale comprend six parties principales : Au N., le *Groenland ;* — la *Russie américaine*, ville princip. *la Nouvelle-Arkhangel ;*—la *Nouvelle-Bretagne*, villes princip. *Montréal*, *Québec* et *Halifax*. — Au centre, les *États-Unis*, capit. *Washington*, villes princip. *New-York*, *Philadelphie*, la *Nouvelle-Orléans*, *Charleston*. — Au S., le *Mexique*, capit. *Mexico*, ville princip. *la Vera-Cruz;*—le *Guatémala* ou *États de l'Amérique centrale*, capit. la *Nouvelle-Guatémala*.

L'Amérique méridionale renferme dix parties principales. — Au N., la *Colombie*, villes princip. *Bogota*, *Caracas* et *Quito;* — la *Guyane*, villes princip. *Georgetown*, *Paramaribo*, *Cayenne*. — A l'O., le *Pérou*, capit. *Lima;* — la *Bolivie*, capit. *Chuquisaca;* — le *Chili*, capit. *Santiago*. — A l'E., l'empire du *Brésil*, capit. *Rio-de-Janéiro*, ville princip. *Bahia*; — la *Plata*, capit. *Buénos-Ayres*; — le *Paraguay*, capit. *l'Assomption*; — l'*Uruguay*, capit. *Montévidéo*. — Au S., la *Patagonie*.

Sous le nom d'*Amérique australe*, on désigne un continent inhabité et couvert de glaces, situé au S.-E. du cap Horn, dans l'océan Glacial antarctique.

43. Possessions européennes. Dans l'Amérique septentrionale, l'Angleterre possède la *Nouvelle-Bretagne*; le Danemark a des établissements au *Groenland*; la Russie, dans la *Russie américaine*. — Dans l'Amérique méridionale, la France, l'Angleterre et la Hollande ont des établissements importants à la *Guyane*. — Parmi les îles, la *Jamaïque*, la *Trinité*, appartiennent à l'Angleterre; *Cuba*, *Porto-Rico*, aux Espagnols; la *Guadeloupe*, la *Martinique*, à la France; *Saint-Eustache*, *Curaçao*, à la Hollande; *Saint-Thomas*, *Sainte-Croix*, au Danemark.

Océanie.

SUPERFICIE. 11,000,000 de kilomètres carrés.
POPULATION. 30,000,000 d'habitants.

44. Position. On comprend sous le nom d'Océanie les terres et les îles situées dans le grand Océan, au S.-E. de l'Asie et à l'O. de l'Amérique, entre l'ancien continent et le nouveau.

45. Divisions et îles principales. L'Océanie, qui forme la cinquième partie du monde, comprend quatre parties : au N.-O., la *Malaisie*; — au N., la *Micronésie*; — à l'E., la *Polynésie*; — au S., la *Mélanésie*.

Les terres et les îles les plus importantes de l'Océanie sont :

Dans la Malaisie, les îles de la *Sonde*, *Java* et *Sumatra*, dont les villes principales sont : *Batavia*, *Padang*; — les archipels de *Bornéo* et de *Célèbes*, les îles *Philippines* et les *Moluques*, dont les villes principales sont : *Bornéo*, *Manille*, *Mindanao*;

Dans la Micronésie, les archipels de *Magellan*, des *Carolines*, des *Mariannes*;

Dans la Polynésie, les îles *Sandwich*, capit. *Honoloulou*; les îles de la *Société* ou *Taïti*, capit. *Papéiti*; — les îles *Marquises*, capit. *Nouka-Hiva*; — la *Nouvelle-Zélande*;

Dans la Mélanésie, l'*Australie* ou *Nouvelle-Hollande*, villes princip. *Sydney, Melbourne ;* — la *Papouasie* ou *Nouvelle-Guinée ;* — la *Nouvelle-Calédonie ;* — la *Tasmanie* ou *Terre de Diémen*, capit. *Hobart-Town*.

46. Possessions européennes. Les Hollandais possèdent une partie des îles de la *Sonde*, les îles *Moluques*, l'île *Célèbes*. — Les Anglais ont des établissements sur les côtes de l'*Australie*, dans la *Tasmanie* et la *Nouvelle-Zélande*. — A la France appartiennent les îles *Marquises* et la *Nouvelle-Calédonie*. — L'Espagne possède les *Philippines* et les *Mariannes*.

France.

SUPERFICIE. 555,000 kilomètres carrés.
POPULATION. 37,000,000 d'habitants.

47. Position. La France est placée dans la partie occidentale de la région moyenne de l'Europe, entre l'océan Atlantique, à l'O. et la mer Méditerranée, au S.

48. Bornes. Au N. O., la Manche et le pas de Calais, qui la séparent de l'Angleterre ; — au N., la mer du Nord, la Belgique et l'Allemagne ; — à l'E., le Rhin, le mont Jura, le Rhône, le lac de Genève et les Alpes, qui la séparent de l'Allemagne, de la Suisse et de l'Italie ; — au S., la mer Méditerranée et les Pyrénées, qui la séparent de l'Espagne ; — à l'O., la mer de France et l'océan Atlantique.

49. Mers. Les mers qui baignent les côtes de la France sont : la *mer du Nord* et la *Manche*, au N. ; — l'*océan Atlantique* et la *mer de France*, à l'O. ; — la *mer Méditerranée*, au S.

50. Golfes. Les grands golfes de la France sont : le golfe de *Gascogne*, dans l'océan Atlantique ; — le golfe du *Lion*, dans la Méditerranée.

51. Iles. Les principales îles de la France sont : l'île d'*Ouessant*, *Belle-Ile*, les îles de *Ré* et d'*Oleron*, dans l'Océan Atlantique ; — la *Corse* et les îles d'*Hyères*, dans la Méditerranée.

52. Montagnes. La France renferme plusieurs chaînes de montagnes, dont les plus importantes sont : les *Alpes*, les plus hautes montagnes de l'Europe, qui séparent la France de l'Italie, dont le point le plus élevé est le mont *Blanc ;* — les *Pyrénées*, qui s'élèvent sur la frontière de la France et de l'Espagne, entre la Méditerranée et l'océan Atlantique; — les *Vosges,* qui s'étendent au nord-est; — le *Jura*, à l'est, sur les confins de la Suisse;—les *Cévennes*, qui s'étendent du nord au sud dans l'intérieur de la France, et dont le mont *Lozère* est un des points les plus élevés ; — les *monts d'Auvergne*, qui sont une ramification des Cévennes : on y remarque le *Puy de Dôme.*

53. **Fleuves et rivières.** Les fleuves et les rivières qui arrosent la France peuvent être répartis entre les quatre mers auxquelles ils apportent le tribut de leurs eaux.

La mer du Nord reçoit le *Rhin*, la *Meuse* et l'*Escaut*. — Le *Rhin* borne en partie la France à l'E. et reçoit la *Moselle* grossie de la *Meurthe*, et l'*Ill*. — La *Meuse* prend sa source dans le département de la Haute-Marne et reçoit la *Sambre*. — L'*Escaut* prend sa source dans le département de l'Aisne et reçoit la *Scarpe* et la *Lys*.

La mer de la Manche reçoit la *Seine*, la *Somme* et l'*Orne*. — La *Seine* prend sa source dans le département de la Côte-d'Or et se jette dans la mer entre le Havre et Honfleur; elle reçoit l'*Aube*, la *Marne*, l'*Oise* grossie de l'*Aisne*, l'*Yonne* et l'*Eure*. — La *Somme* prend sa source dans le département de l'Aisne, et l'*Orne* dans celui de l'Orne.

L'océan Atlantique, ou plutôt cette partie de l'océan Atlantique à laquelle on a donné le nom de *mer de France*, reçoit la *Loire*, la *Gironde*, la *Vilaine*, la *Charente* et l'*Adour*. — La *Loire* prend sa source dans les Cévennes et se jette dans la mer près de Paimbœuf : elle reçoit la *Nièvre*, la *Maine*, l'*Allier*, le *Loiret*, le *Cher*, l'*Indre*, la *Vienne* grossie de la *Creuse*, la *Sèvre nantaise*. — La *Gironde* est formée par la réunion de la *Garonne* et de la *Dordogne*, au bec d'Ambez : 1° la *Garonne*, qui est la branche principale, prend sa source en Espagne, dans les Pyrénées, et reçoit l'*Ariége*, le *Tarn* grossi de l'*Aveyron*, le *Lot*, le *Gers*; 2° la *Dordogne* prend sa source dans le département du Puy-de-Dôme et reçoit la *Vézère* grossie de la *Corrèze*, et l'*Isle*.—La *Vilaine* prend sa source dans le département de la Mayenne, et la *Charente* dans celui de la Haute-Vienne. — L'*Adour* descend des Pyrénées.

La mer Méditerranée reçoit le *Rhône*, l'*Hérault*, l'*Aude* et le *Var*. — Le *Rhône* prend sa source en Suisse, et reçoit l'*Ain*, la *Saône* grossie du *Doubs*, l'*Ardèche*, le *Gard*, l'*Arve*, l'*Isère* grossie de l'*Arc*, la *Drôme*, la *Durance*. — L'*Hérault* descend des Cévennes. — L'*Aude* prend sa source dans le département des Pyrénées-Orientales. — Le *Var* descend des Alpes à l'extrémité sud-est de la France.

54. Lacs. Les lacs les plus remarquables de la France sont : le lac *Léman* ou *de Genève*, à l'E. ; — le lac de *Grand-Lieu*, à l'O.

55. Division en versants et bassins. La France, sous le rapport physique, est divisée en deux grands versants : le *versant du nord et de l'ouest* ou *de l'océan Atlantique* ; le *versant du sud et de l'est* ou *de la Méditerranée*.

Ces versants forment cinq bassins principaux, qui sont : 1° le bassin du *Rhin*, au nord-est, duquel dépendent les bassins secondaires de la *Moselle*, de la *Meuse* et de l'*Escaut* ; — 2° le bassin de la *Seine*, au centre et au nord-ouest, duquel dépendent les bassins secondaires de la *Marne*, de l'*Oise*, de l'*Yonne*, de l'*Eure*, de la *Somme*, de l'*Orne* et de la *Rance* ; — 3° le bassin de la *Loire*, au centre et à l'ouest, duquel dépendent les bassins de la *Maine*, de l'*Allier*, du *Cher*, de la *Vienne*, de la *Vilaine*, de la *Sèvre niortaise* et de la *Charente* ; — 4° le bassin de la *Garonne* et *Gironde*, au sud et à l'ouest, auquel se rattachent les bassins secondaires de la *Dordogne*, de l'*Ariége*, du *Tarn*, du *Lot*, du *Gers* et de l'*Adour* ; — 5° le bassin du *Rhône*, à l'est et au sud, duquel dépendent les bassins secondaires de la *Saône*, de l'*Isère*, de la *Durance*, de l'*Hérault*, de l'*Aude* et du *Var*.

56. Division administrative. Sous le rapport administratif, la France était divisée autrefois en 32 provinces ; elle est divisée actuellement en 89 départements, qui, pour la plupart, doivent leur nom soit aux fleuves ou aux rivières qui les arrosent, soit à la mer qui les baigne, soit aux montagnes qui s'y trouvent. Ces départements sont administrés chacun par un préfet ; ils sont divisés en arrondissements ou sous-préfectures, les arrondissements en cantons, les cantons en communes.

57. Tableau comparatif des provinces et des départements.

Provinces.	Départements.	Chefs-lieux de préfectures et de sous-préfectures.

Provinces et départements du Nord.

FLANDRE....	Nord........	*Lille**[1], Avesnes, Cambrai, Douai, Dunkerque, Hazebrouck, Valenciennes.
ARTOIS....	Pas-de-Calais...	*Arras**, Béthune, Boulogne, Montreuil-sur-Mer, Saint-Omer, Saint-Pol.
PICARDIE...	Somme........	*Amiens**, Abbeville, Doullens, Montdidier, Péronne.
NORMANDIE..	Seine-Inférieure..	*Rouen**, Dieppe, le Havre, Neufchâtel, Yvetot.
	Eure........	*Évreux*, les Andelys, Bernay, Louviers, Pont-Audemer.
	Calvados......	*Caen*, Bayeux, Falaise, Lisieux, Pont-l'Évêque, Vire.
	Orne........	*Alençon*, Argentan, Domfront, Mortagne.
	Manche........	*Saint-Lô*, Avranches, Cherbourg, Coutances, Mortain, Valognes.
ILE-DE-FRANCE	Seine.......	*Paris**, Saint-Denis, Sceaux.
	Seine-et-Oise....	*Versailles*, Corbeil, Étampes, Mantes, Pontoise, Rambouillet.
	Seine-et-Marne..	*Melun*, Coulommiers, Fontainebleau, Meaux, Provins.
	Aisne........	*Laon*, Château-Thierry, Saint-Quentin, Soissons, Vervins.
	Oise........	*Beauvais*, Clermont, Compiègne, Senlis.

1. Les capitales des anciennes provinces sont désignées par un astérisque*.

Provinces.	Départements.	Chefs - lieux de préfectures et de sous-préfectures.
CHAMPAGNE	Aube	*Troyes**, Arcis-sur-Aube, Bar-sur-Aube, Bar-sur-Seine, Nogent-sur-Seine.
	Haute-Marne	*Chaumont*, Langres, Vassy.
	Marne	*Châlons-sur-Marne*, Épernay, Reims, Sainte-Menehould, Vitry-le-François.
	Ardennes	*Mézières*, Rethel, Rocroy, Sedan, Vouziers.
LORRAINE	Meurthe	*Nancy**, Château-Salins, Lunéville, Sarrebourg, Toul.
	Moselle	*Metz*, Briey, Sarreguemines, Thionville.
	Meuse	*Bar-le-Duc*, Commercy, Montmédy, Verdun.
	Vosges	*Épinal*, Mirecourt, Neufchâteau, Remiremont, Saint-Dié.

Provinces et départements de l'Est.

Provinces.	Départements.	Chefs - lieux.
ALSACE	Bas-Rhin	*Strasbourg**, Saverne, Schelestadt, Wissembourg.
	Haut-Rhin	*Colmar*, Belfort, Mulhouse.
FRANCHE-COMTÉ	Doubs	*Besançon**, Baume-les-Dames, Montbéliard, Pontarlier.
	Haute-Saône	*Vesoul*, Gray, Lure.
	Jura	*Lons-le-Saunier*, Dôle, Poligny, Saint-Claude.
BOURGOGNE	Côte-d'Or	*Dijon**, Beaune, Châtillon-sur-Seine, Semur.
	Yonne	*Auxerre*, Avallon, Joigny, Sens, Tonnerre.
	Saône-et-Loire	*Mâcon*, Autun, Châlons-sur-Saône, Charolles, Louhans.
	Ain	*Bourg*, Belley, Gex, Nantua, Trévoux.
LYONNAIS	Rhône	*Lyon**, Villefranche.
	Loire	*Saint-Étienne*, Montbrison, Roanne.

Provinces.	Départements.	Chefs - lieux de préfectures et de sous-préfectures.

Provinces et départements du Centre.

	Loiret	*Orléans**, Gien, Montargis, Pithiviers.
ORLÉANAIS. . .	Eure-et-Loir	*Chartres*, Châteaudun, Dreux, Nogent - le - Rotrou.
	Loir-et-Cher	*Blois*, Romorantin, Vendôme.
TOURAINE . . .	Indre-et-Loire	*Tours**, Chinon, Loches.
BERRY.	Cher	*Bourges**, Saint-Amand, Sancerre.
	Indre	*Châteauroux*, le Blanc, la Châtre, Issoudun.
NIVERNAIS. . .	Nièvre	*Nevers**, Château-Chinon, Clamecy, Cosne.
BOURBONNAIS .	Allier	*Moulins**, Gannat, Montluçon, la Palisse.
MARCHE. . . .	Creuse	*Guéret**, Aubusson, Bourganeuf, Boussac.
ANGOUMOIS . .	Charente	*Angoulême**, Barbezieux, Cognac, Confolens, Ruffec.
LIMOUSIN . . .	Haute-Vienne	*Limoges**, Bellac, Rochechouart, Saint-Yrieix.
	Corrèze	*Tulle*, Brives, Ussel.
AUVERGNE. , .	Puy-de-Dôme	*Clermont-Ferrand**, Ambert, Issoire, Riom, Thiers.
	Cantal	*Aurillac*, Mauriac, Murat, Saint-Flour.

Provinces et départements de l'Ouest.

	Ille-et-Vilaine	*Rennes**, Fougères, Montfort, Redon, Saint-Malo, Vitré.
	Côtes-du-Nord	*Saint-Brieuc*, Dinan, Guingamp, Lannion, Loudéac.
BRETAGNE. . .	Finistère	*Quimper*, Brest, Châteaulin, Morlaix, Quimperlé.
	Morbihan	*Vannes*, Lorient, Napoléonville, Ploermel.
	Loire-Inférieure	*Nantes*, Ancenis, Châteaubriant, Paimbœuf, Savenay.

Provinces.	Départements.	Chefs-lieux de préfectures et de sous-préfectures.
MAINE.	Sarthe	*Le Mans**, la Flèche, Mamers, Saint-Calais.
	Mayenne	*Laval*, Château-Gontier, Mayenne.
ANJOU	Maine-et-Loire	*Angers**, Baugé, Chollet, Saumur, Segré.
POITOU	Vienne	*Poitiers**, Châtellerault, Civray, Loudun, Montmorillon.
	Vendée	*Napoléon*, Fontenay-le-Comte, les Sables d'Olonne.
	Deux-Sèvres	*Niort*, Bressuire, Melle, Parthenay.
AUNIS et SAINTONGE.	Charente-Inférieure	*La Rochelle** [1], Jonzac, Marennes, Rochefort, Saintes*, Saint-Jean-d'Angely.

Provinces et départements du Sud.

Provinces.	Départements.	Chefs-lieux.
GUYENNE et GASCOGNE.	Gironde	*Bordeaux**, Bazas, Blaye, Lesparre, Libourne, la Réole.
	Dordogne	*Périgueux*, Bergerac, Nontron, Ribérac, Sarlat.
	Lot	*Cahors*, Figeac, Gourdon.
	Aveyron	*Rhodez*, Espalion, Milhau, Saint-Affrique, Villefranche.
	Tarn-et-Garonne	*Montauban*, Castel-Sarrazin, Moissac.
	Lot-et-Garonne	*Agen*, Marmande, Nérac, Villeneuve-d'Agen.
	Gers	*Auch*, Condom, Lectoure, Lombez, Mirande.
	Landes	*Mont-de-Marsan*, Dax, Saint-Sever.
	Hautes-Pyrénées	*Tarbes*, Argelez, Bagnères.
BÉARN.	Basses-Pyrénées	*Pau**, Bayonne, Mauléon, Oloron, Orthez.
COMTÉ DE FOIX	Ariége	*Foix**, Pamiers, Saint-Girons.

1. *La Rochelle* était la capitale de l'Aunis, et *Saintes*, celle de la Saintonge.

Provinces.	Départements.	Chefs - lieux de préfectures et de sous-préfectures.
ROUSSILLON.	Pyrénées-Orientales.	*Perpignan*, Céret, Prades.
LANGUEDOC	Haute-Garonne	*Toulouse*, Muret, Saint-Gaudens, Villefranche.
	Tarn.	*Alby*, Castres, Gaillac, Lavaur.
	Aude.	*Carcassonne*, Castelnaudary, Limoux, Narbonne.
	Hérault.	*Montpellier*, Béziers, Lodève, Saint-Pons.
	Gard.	*Nîmes*, Alais, Uzès, le Vigan.
	Lozère.	*Mende*, Florac, Marvejols.
	Ardèche.	*Privas*, l'Argentière, Tournon.
	Haute-Loire.	*Le Puy*, Brioude, Yssengeaux.
DAUPHINÉ.	Isère.	*Grenoble*, Saint-Marcellin, la Tour-du-Pin, Vienne.
	Drôme.	*Valence*, Die, Montélimar, Nyons.
	Hautes-Alpes.	*Gap*, Briançon, Embrun.
PROVENCE.	Bouches-du-Rhône.	*Marseille*, Aix*, Arles.
	Basses-Alpes.	*Digne*, Barcelonnette, Castellane, Forcalquier, Sisteron.
	Var.	*Draguignan*, Brignolles, Toulon.

Pays réunis.

ILE DE CORSE.	Corse.	*Ajaccio*, Bastia*, Calvi, Corté, Sartène.
COMTAT VENAISSIN.	Vaucluse.	*Avignon*, Apt, Carpentras, Orange.
COMTÉ DE NICE	Alpes-Maritimes.	*Nice*, Grasse, le Puget-Théniers.
DUCHÉ de SAVOIE.	Savoie.	*Chambéry*, Albertville, Moûtiers, Saint-Jean-de-Maurienne.
	Haute-Savoie.	*Annecy*, Bonneville, Saint-Julien, Thonon.

58. Villes principales. Les villes les plus importantes de la France sont : *Paris*, vers le N., sur la Seine, capitale de la France (départ. de la Seine). — Au N. : *Lille* (départ. du Nord) ; *Rouen*, sur la Seine (départ. de la Seine-Inférieure). — A l'E. : *Strasbourg* (départ. du Bas-Rhin) ; *Metz*, sur la Moselle (départ. de la Moselle) ; *Dijon*, non loin des sources de la Seine (départ. de la Côte-d'Or) ; *Lyon*, sur le Rhône (départ. du Rhône). — Au centre : *Orléans*, sur la Loire (départ. du Loiret). — A l'O. : *Nantes*, sur la Loire (départ. de la Loire-Inférieure) ; *Bordeaux*, sur la Garonne (départ. de la Gironde). — Au S. : *Toulouse* (départ. de la Haute-Garonne) ; *Marseille*, sur la Méditerranée (départ. des Bouches-du-Rhône).

59. Ports principaux. Les principaux ports marchands de la France sont : *Dunkerque*, sur la mer du Nord ; — *Calais*, sur le pas de Calais ; — *Boulogne, Dieppe, le Havre* et *Saint-Malo*, sur la Manche ; — *Rouen*, sur la Seine, près de la Manche ; — *la Rochelle, Saint-Nazaire* et *Bayonne*, sur l'océan Atlantique ou la mer de France ; — *Nantes*, sur la Loire, près de l'océan Atlantique ; — *Bordeaux*, sur la Garonne, près de l'océan Atlantique ; — *Cette, Marseille* et *Nice*, sur la Méditerranée. — Les ports militaires sont : *Cherbourg*, sur la Manche ; — *Brest* et *Lorient*, sur l'océan Atlantique ; — *Rochefort*, sur la Charente, près de l'océan Atlantique ; — *Toulon*, sur la Méditerranée.

60. Possessions hors de l'Europe. La France a en Asie, dans l'Hindoustan, des possessions dont *Pondichéry* est le chef-lieu ; dans la Cochinchine, un établissement à *Saïgon* ; — en Afrique, l'*Algérie*, des possessions dans la *Sénégambie* ou *Sénégal*, et dans la *Guinée supérieure* ; l'île de *la Réunion* ou *Bourbon* ; — en Amérique, la *Guyane française*, la *Guadeloupe*, la *Martinique* ; — dans l'Océanie, la *Nouvelle-Calédonie*, les îles *Marquises*. — La population totale de ces diverses possessions s'élève à plus de 4,000,000 d'habitants.

QUESTIONNAIRES DES CARTES.

Mappemonde. — De quoi se compose le globe terrestre ? — En combien de parties principales se divisent les terres ? — Combien de grandes divisions les eaux comprennent-elles ?

Europe. — Où est située l'Europe ? — Quelles sont ses bornes ? — Quelles sont les mers qui baignent ses côtes ? — Quelles sont les plus grandes îles de l'Europe ? — Quelles sont ses principales chaînes de montagnes ? —Quels sont ses fleuves principaux ? — En combien de parties se divise l'Europe ? — Quelles sont les capitales et les villes principales ?

Asie. — Où est située l'Asie ? — Quelles sont ses bornes ? — Quelles sont les mers qui baignent ses côtes ? —Quelles sont les îles principales de l'Asie ? — Quelles sont ses principales chaînes de montagnes ? — Quels sont ses principaux fleuves ? — En combien de parties se divise l'Asie ? — Quelles sont les capitales et les villes principales ?

Afrique. — Où est située l'Afrique ? — Quelles sont ses bornes ? — Quelles mers a-t-elle ? — Quelles sont les principales îles de l'Afrique ? — Quelles sont ses plus importantes chaînes de montagnes ? — Quels sont les principaux fleuves ? — En combien de parties se divise l'Asie ? — Quelles sont les capitales et les villes principales ?

Amérique. — Quelle est la position de l'Amérique ? — Quelles sont ses bornes ? — Quelles sont les mers de l'Amérique ? — Quelles sont ses principales îles ? — Quelles sont ses chaînes de montagnes les plus importantes ? — Quels sont ses principaux fleuves ? — De quoi se compose le continent américain ? — Quelles sont les contrées de l'Amérique septentrionale ? de l'Amérique méridionale ? — Quelles en sont les capitales et les villes principales ?

Océanie. — De quoi se compose l'Océanie ? — Où est-elle située ? — Comment se divise-t-elle ? — Quelles sont les terres et les îles principales ? —Quelles en sont les villes importantes ?

France physique. — Quelle est la position de la France ? Quelles sont les mers qui baignent ses côtes ? — Quels sont les grands golfes ? — Quelles sont les îles principales ? — Quelles sont les montagnes importantes ? — Quels sont les principaux fleuves ? — Quels sont les lacs remarquables ? — En combien de versants la France est-elle divisée ? — En combien de bassins peuvent se répartir les fleuves ? — Quels sont ces bassins ?

France politique. — Quelles sont les bornes de la France ? — Comment est-elle divisée sous le rapport administratif ? — Comment était-elle divisée autrefois ? — Quelles sont ses principales villes ? — Quels sont ses principaux ports ?

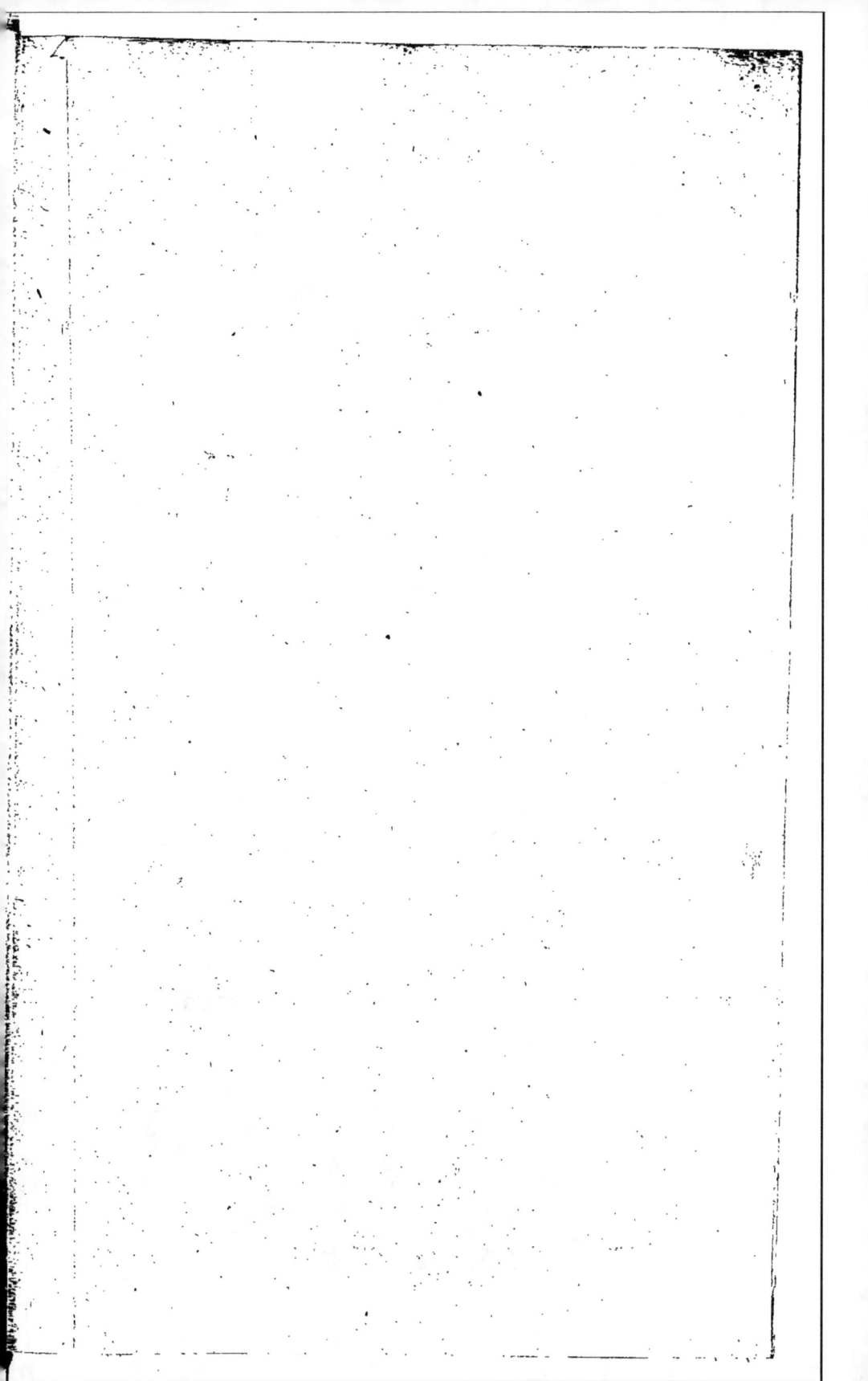

MAPP

G.

Pôle Arctique

ASIE

EUROPE

AFRIQUE

Lac Baïkal

Péking

Jérusalem

Calcutta

Tombouctou

Bénin

Tropique

ÉQUATEUR

OCÉAN INDIEN

AUSTRALIE

Sydney

ATLANTIQUE

St Louis

I. de l'Ascension

I. St Hélène

Tropique

C. de Bonne Espérance

Terres Antarctiques

OCÉAN GLACIAL DU SUD

Pôle Antarctique

ROSE
DES VENTS

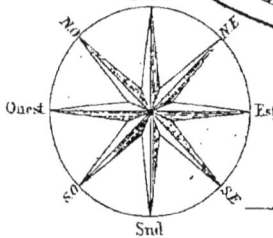

Nord

NO   NE

Ouest   Est

SO   SE

Sud

Courbure de la Terre.

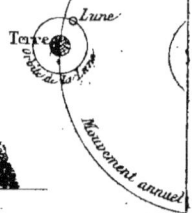

Terre   Lune

Orbi

Mouvement annuel

Montagne, Vallée, Défilé, Volcan.

Races

Race Caucasique.   Race

Paris, J. DELALAIN, li

Pl.1.

MONDE

EZE

Pôle Arctique

GROENLAND

AMÉRIQUE SEPTⁿ⁻ᵉ

Québec · New York · Washington

S.ᵗ Francisco · N.⁴ Orléans

Cancer

I.ˢ Hawaï

Tropique

ÉQUATEUR

I.ˢ Marquises · I.ˢ Nouka Hiva

I.ˢ de Paques

I. des Navigateur

OCÉAN

AMÉRIQUE MÉRIDᵉ · Bahia

Quito · Lima

Rio de Janeiro

Valparaiso · Buenos Ayres

Capricorne

O C É A N   A T L A N T I Q U E

Dét. de Magellan

Polaire

Détroit de l'Antarctique

OCÉAN GLACIAL DU SUD

Pôle Antarctique

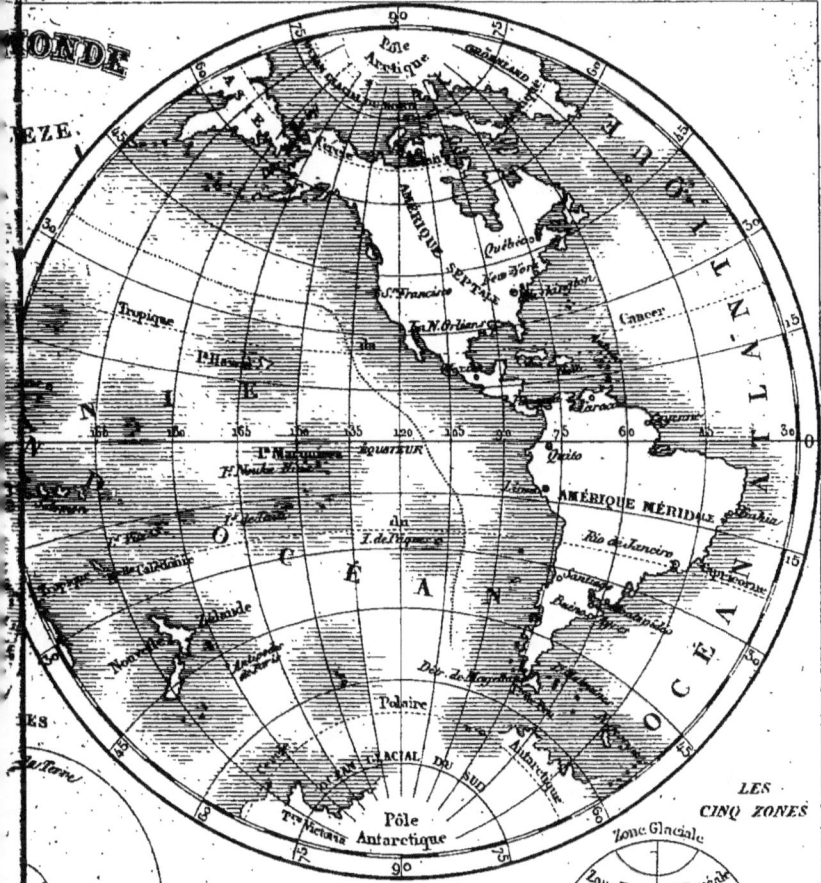

LES CINQ ZONES

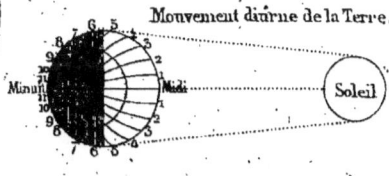

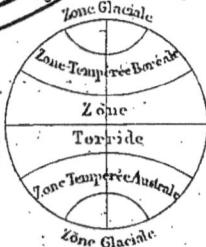

Zone Glaciale
Zone Tempérée Boréale
Zone Torride
Zone Tempérée Australe
Zone Glaciale

Mouvement diurne de la Terre

Minuit · Midi · Soleil

Terre autour du Soleil

Hommes.

Race Éthiopique.

Cataracte, Geyser d'Islande (volcan d'eau bouillante).

-D., Rue des Écoles, 76.

OCÉAN GLAC

Cercle

ISLANDE

OCÉAN ATLANTIQUE

ÎLES BRITANNIQUES

MER DU NORD

NORVÈGE

SUÈDE

Christiania

Dublin

MANCHE

Paris

FRANCE

Orléans

Strasbourg

Bordeaux

Toulouse

Lisbonne

Madrid

PORTUGAL

ESPAGNE

Berlin

Dresde

Prague

Francfort

Munich

Vienne

EMPIRE D'AUT

Bude

Belgrade

Rome

Naples

SICILE

MER MÉDITE

Maroc

Oran

Alger

Constantine

Tunis

AFRIQUE

Paris. J. DELALAIN.

Pl. 2

OCÉAN ARCTIQUE

SIBÉRIE

RUSSIE

FINLANDE

Pétersbourg

Archangel

Moscou

Orenbourg

Kiev

Poltava

Astrakhan

Odessa

Azof

CRIMÉE

Sébastopol

Mts Caucase

Tiflis

MER NOIRE

MER CASPIENNE

Constantinople

Mts Balkan

Andrinople

FRANCE

EUROPE

par

G. BELEZE

Myriamètres et Kilomètres.

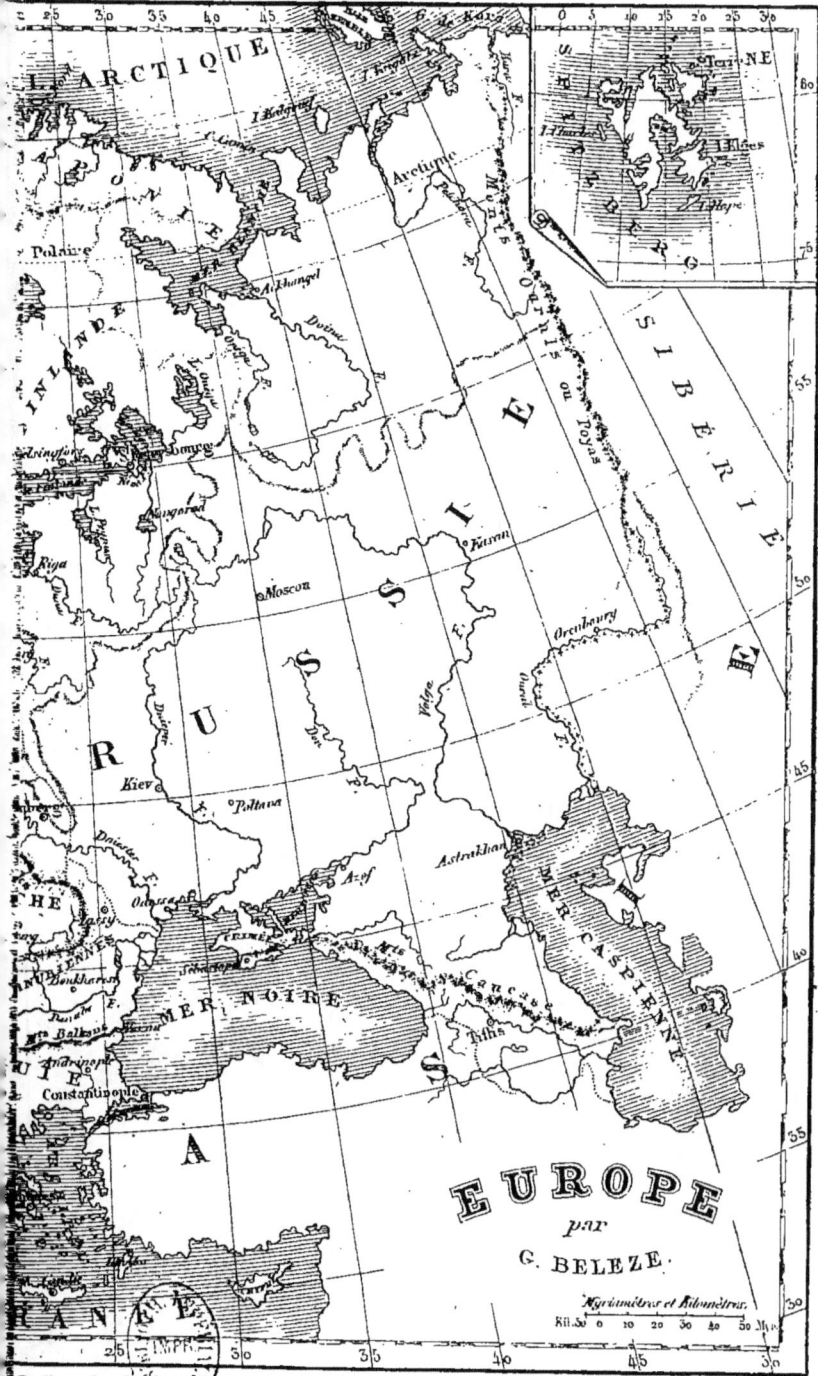

D. Rue des Écoles. 76.

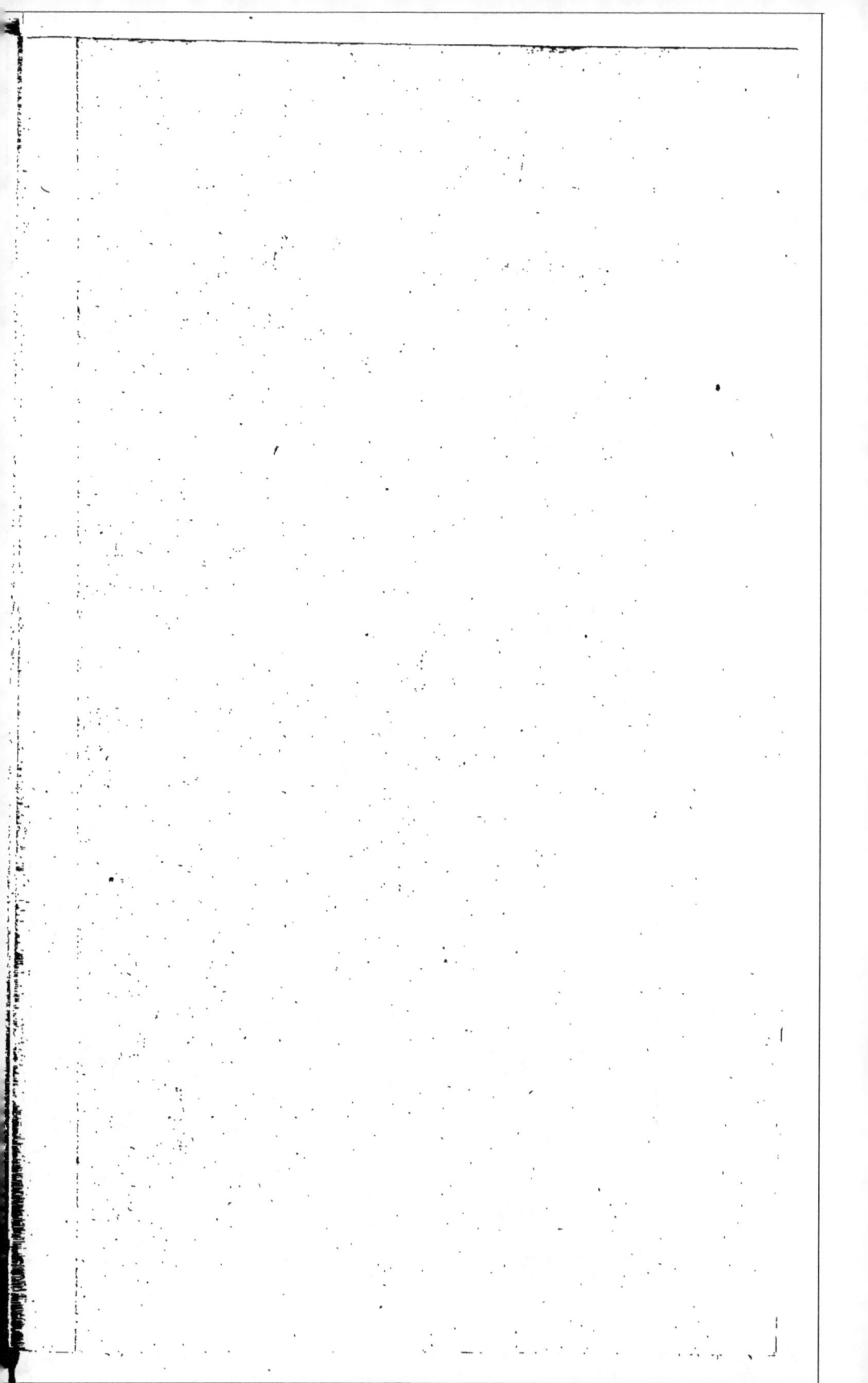

ASIE
par
G. BELEZE.

Paris, J. DELALAIN, In

Pl. 3

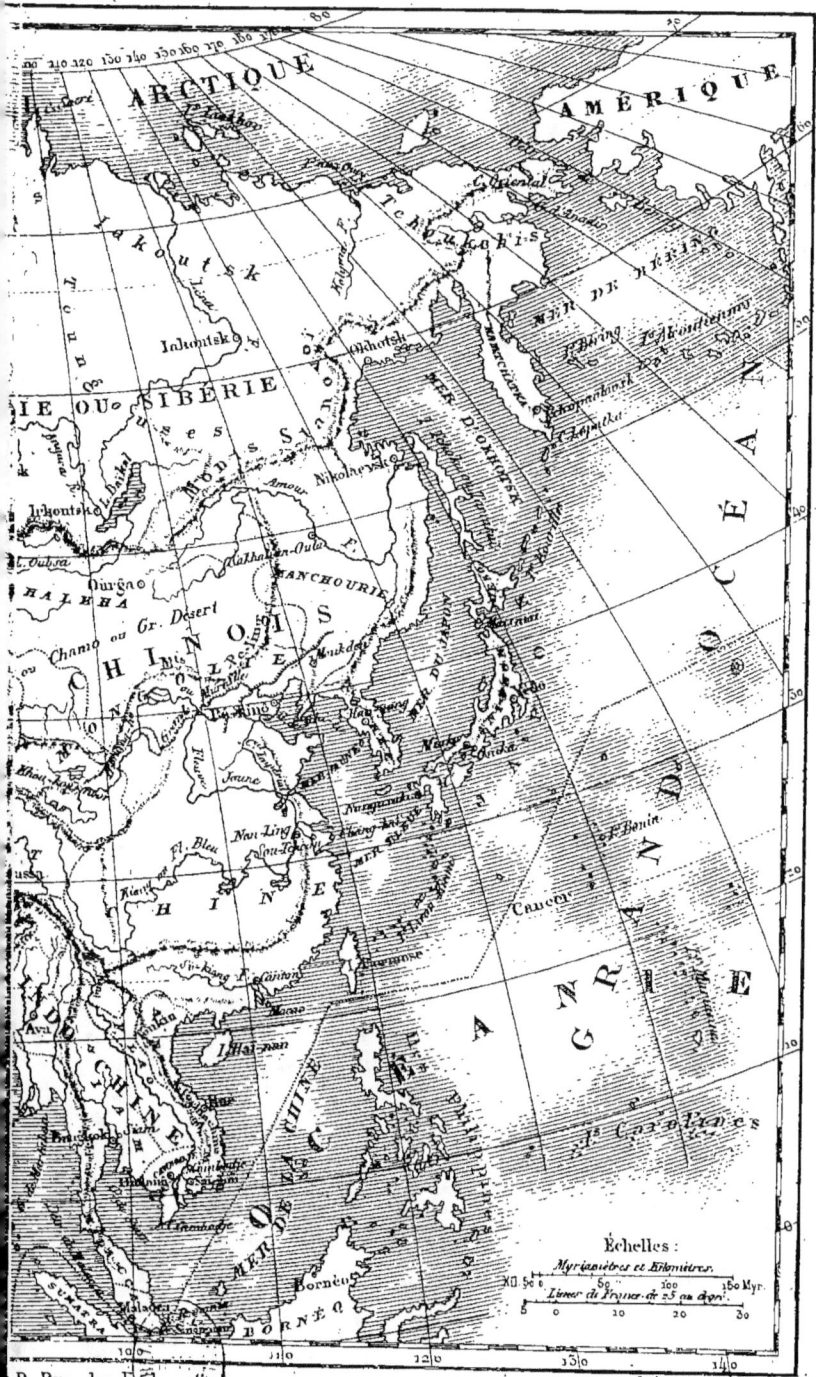

ARCTIQUE

AMÉRIQUE

Iakoutsk

Iakoutsk

IE OU SIBERIE

MER DE BERING

MER D'OKHOTSK

MONTS...

Amour Nikolaïevsk

HALKHA

Ourga

MANCHOURIE

Chamo ou Gr. Désert

CHINOIS

Péking

Moukden

CHINE

Nan-Ling

Fl. Bleu

Sou-Tchéou

Kiang

Canton

Hai-nan

CHINE

Macao

INDO-CHINE

OCÉAN GRAND

Cancer

Iles Carolines

MER DE CHINE

Bornéo

SUMATRA

BORNÉO

Échelles :
Myriamètres et Kilomètres.

-D., Rue des Écoles, 76.

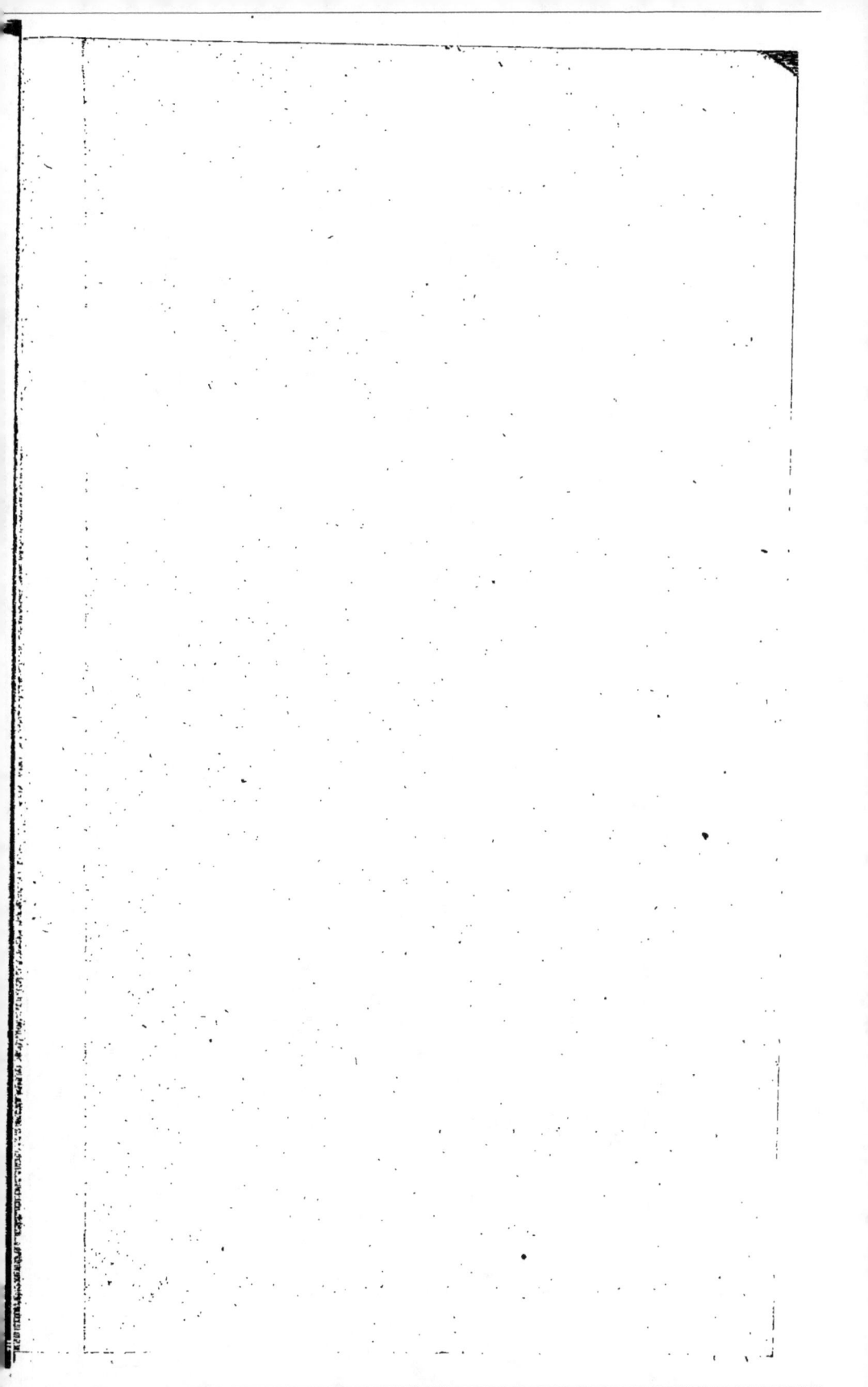

OCÉAN ATLANTIQUE

Espagne

Détr. de Gibraltar

MAROC

Monts Atlas

SAHARA OU GRAND DÉSERT

Tropique

C. Blanc

Tombouctou

Niger Fl.

ASBEN

Agadès

St. Louis

GAMBIE

Ségo

TAKROUR OU

Kouka

Arch. des Bissagos

Monts de

Achanti

GUINÉE

OUANKARA OU

Coomassie

Monrovia

C. des Palmes

GOLFE

I. Fernando-Po

St. Thomas

Équateur

I. de l'Ascension

St. Paul de Loanda

St. Philippe
de Benguela

I. Ste Hélène

Tropique du Capricorne

AFRIQUE

par
G. BELEZE

C. de Bonne Esp.

Paris, J. DELALAIN, Imp.

Pl. 4.

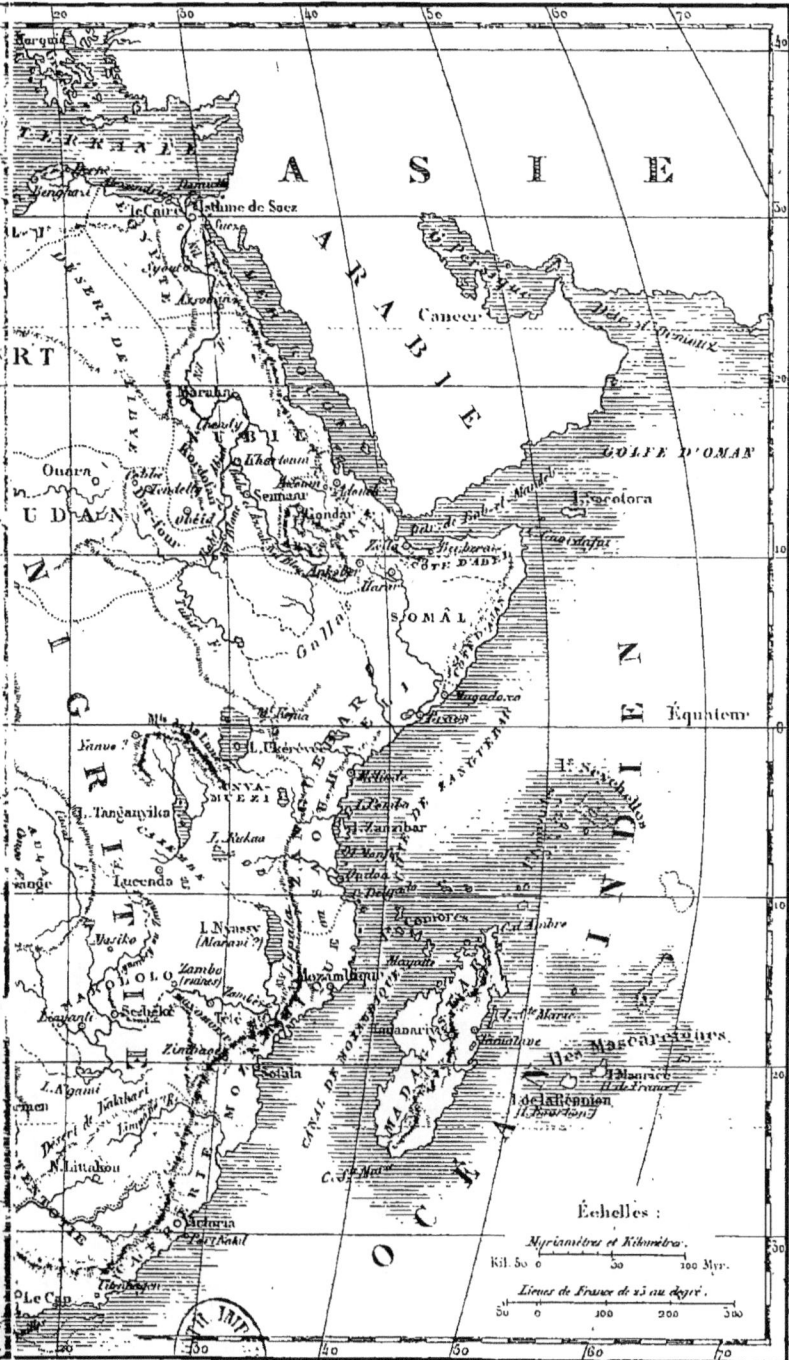

ASIE

ARABIE

Cancer

GOLFE D'OMAN

ÉGYPTE

Le Caire · Isthme de Suez
Suez

Syout
Axoum

Berahn
Chendy

NUBIE
Khartoum
Semaar
Gondar

SOUDAN

Dj. el Bab-el-Mandel
Zeila · Berbera
CÔTE D'ADEL
Harar
Ankobar

I. Socotora

Gallas
Ras-Hafun

SOMÂL

Magadoxo
Brava

Équateur

Mte Kenia
L. Ukerewe

UNYA-
MUEZI
Mkiliode
J.Pemba
I. Zanzibar
Dl. Monfiah
Quiloa
I. Delgado

ZANZIBAR

I. St-Nicholas

Yanve
L. Tanganyika
J. Rukua
Lueenda

Comores
Mayotte

C. d'Ambre

Masiko
L. Nyassy
(Maravi ?)

Zambo
(raines)

Mozambique
I. Ste Marie

Diazanti · Sechelet
Tete

MADAGASCAR
Tananarive
Tamatave

Iles Mascareignes

Zimbaoe
Sofala

I. Maurice
(Ile de France)

L. Ngami
Désert de Kalahari
Limpopo

I. de la Réunion
(Bourbon)

N. Littakou

C. Ste-Marie

Victoria
Port Natal

OCÉAN INDIEN

Le Cap
Tubagogne

Échelles :

Myriamètres et Kilomètres.
Kil. 50   50   100 Myr.

Lieues de France de 25 au degré.
50   0   100   200   300

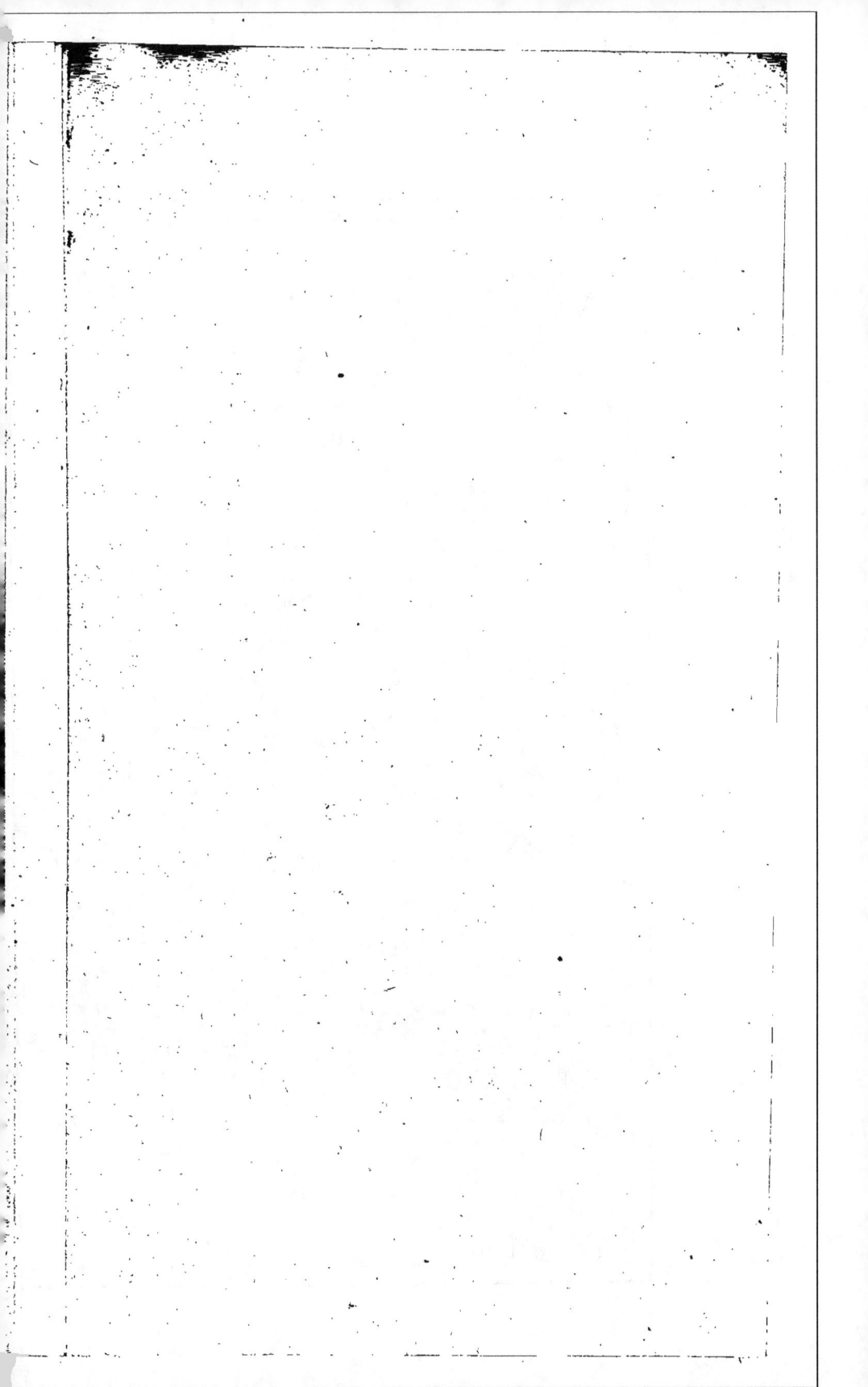

Pl.5.

Petit Atlas de Géographie par G. Belèze.

AMÉRIQUE

par

G. BELÈZE.

CONTINENT ANTIQUE

OCÉAN

AMÉRIQUE SEPTENTRIONALE

AMÉRIQUE MÉRIDIONALE

BOLIVIE

RÉP. ARGENTINE

PATAGONIE

Équateur

Tropique du Cancer

Tropique du Capricorne

Équateur

Tropique

AMÉRIQUE AUSTRALE

Cercle Polaire

Terre de Graham

Terre Louis-Philippe

Continent Antarctique

Échelles:

Myriamètres

Lieues communes de France

Milles Anglais

Lieues d'Espagne

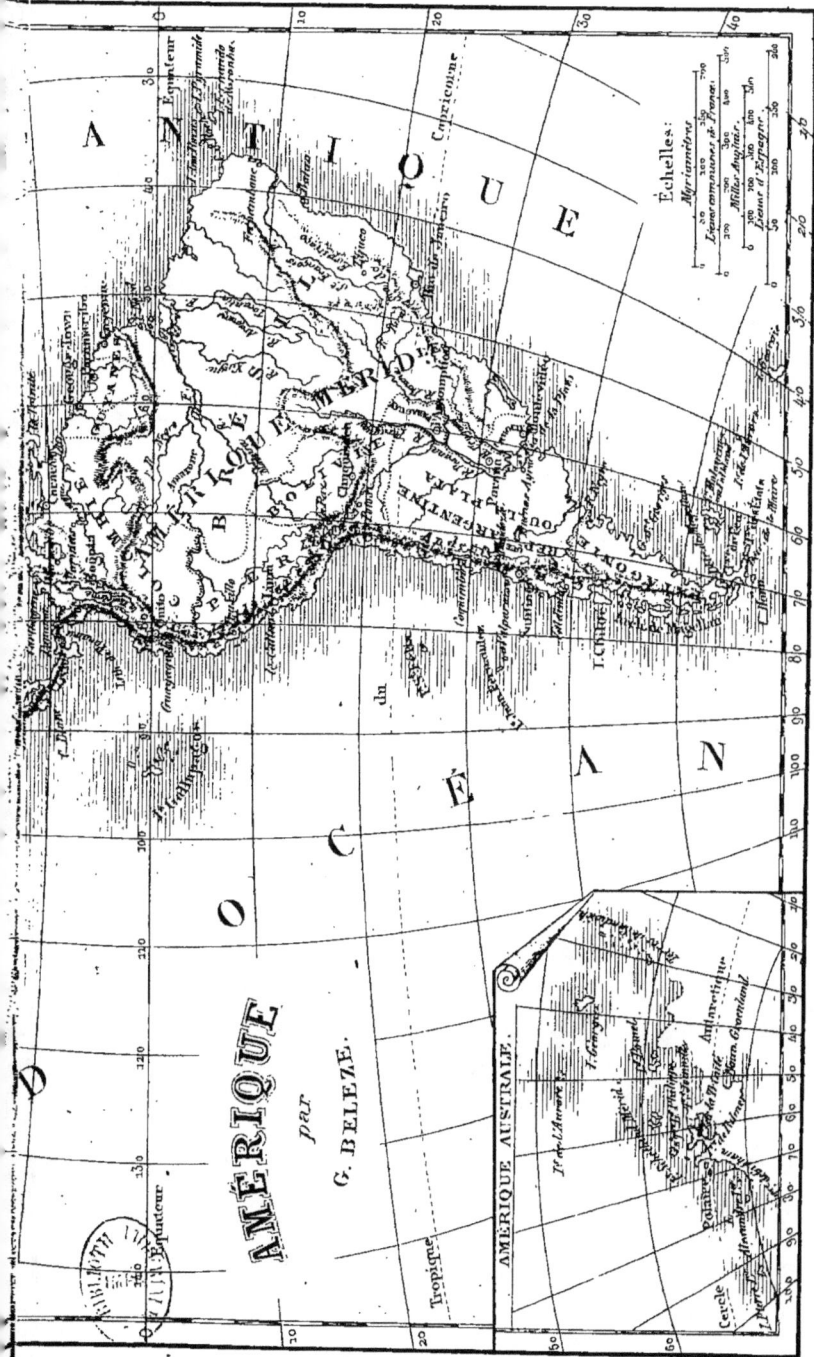

Paris, J. DELALAIN, Imp. T. D., Rue des Écoles, 76.

ASIE

MICRON

D.ª des Carolines

MER DES INDES

MÉLANÉSIE

Golfe du Bengale

Tropique du Capricorne

AUSTRALIE
OU NOUV⁴ᵉ HOLLANDE

Perth

Melbourne

Sydney

TASMANIE
(T.ᵉ de Diémen)

Hobart-Town

P.ᵗᵉ de la Comp.ᵉ Royale

I.ᵉ Macqu

GRA

CONTINENT ANTARCTIQUE

T.ʳᵉ DE SABRINA

T.ʳᵉ ADÉLIE

T.ʳᵉ DE VICTOR

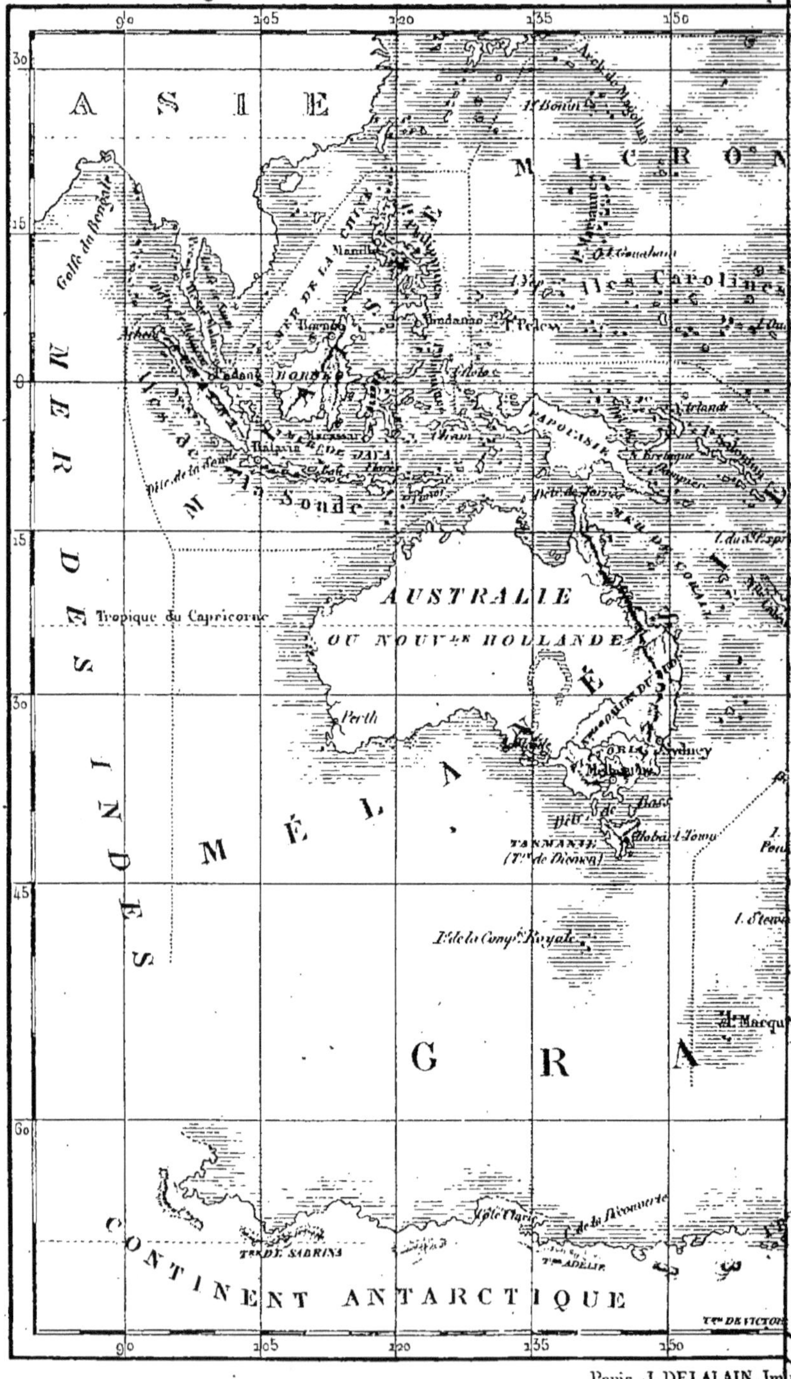

Paris, J. DELALAIN, Im

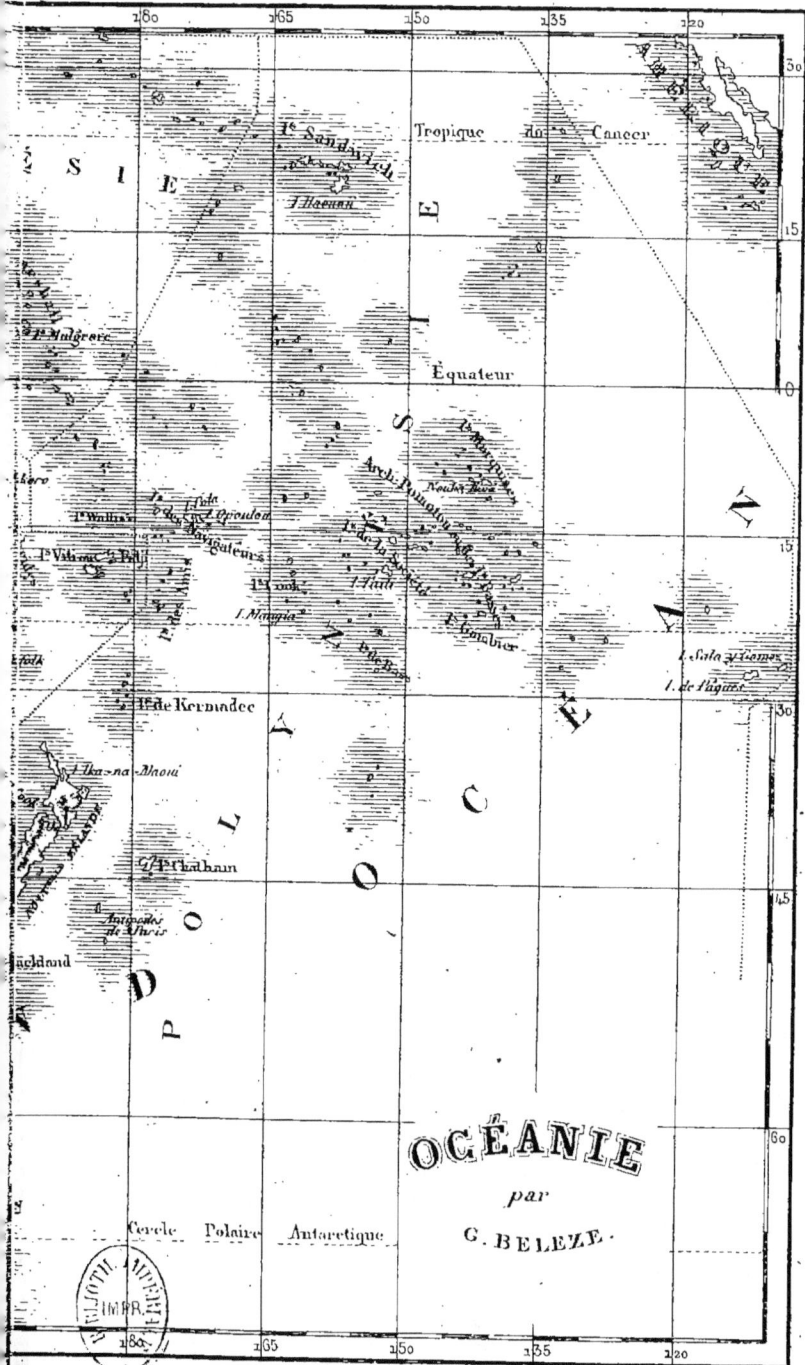

Pl.6.

180   165   150   135   120

30

A S I E

Tropique du Cancer

I. Sandwich

I. Macaou

15

E

P[?] Mulgrave

Équateur

0

 S

Arch. Pomotou

Nouka-Hiva

I. Wallis   Isla de Opoulou
Navigateurs

I. Viti ou I. Fidji   I[?] ook   I. de la Société
I. Manqia   I. Taiti

Gambier

15

P O L Y N É S I E

I. Sala y Gomez

I. de Pâques

I. de Kermadec

30

I. Ika-na-Maoui

O C É A N

P[?] Chatham

45

I. Antipodes
de Paris

Auckland

D

OCÉANIE

par

G. BELEZE.

60

Cercle   Polaire   Antarctique

180   165   150   135   120

D. Rue des Écoles, 76.

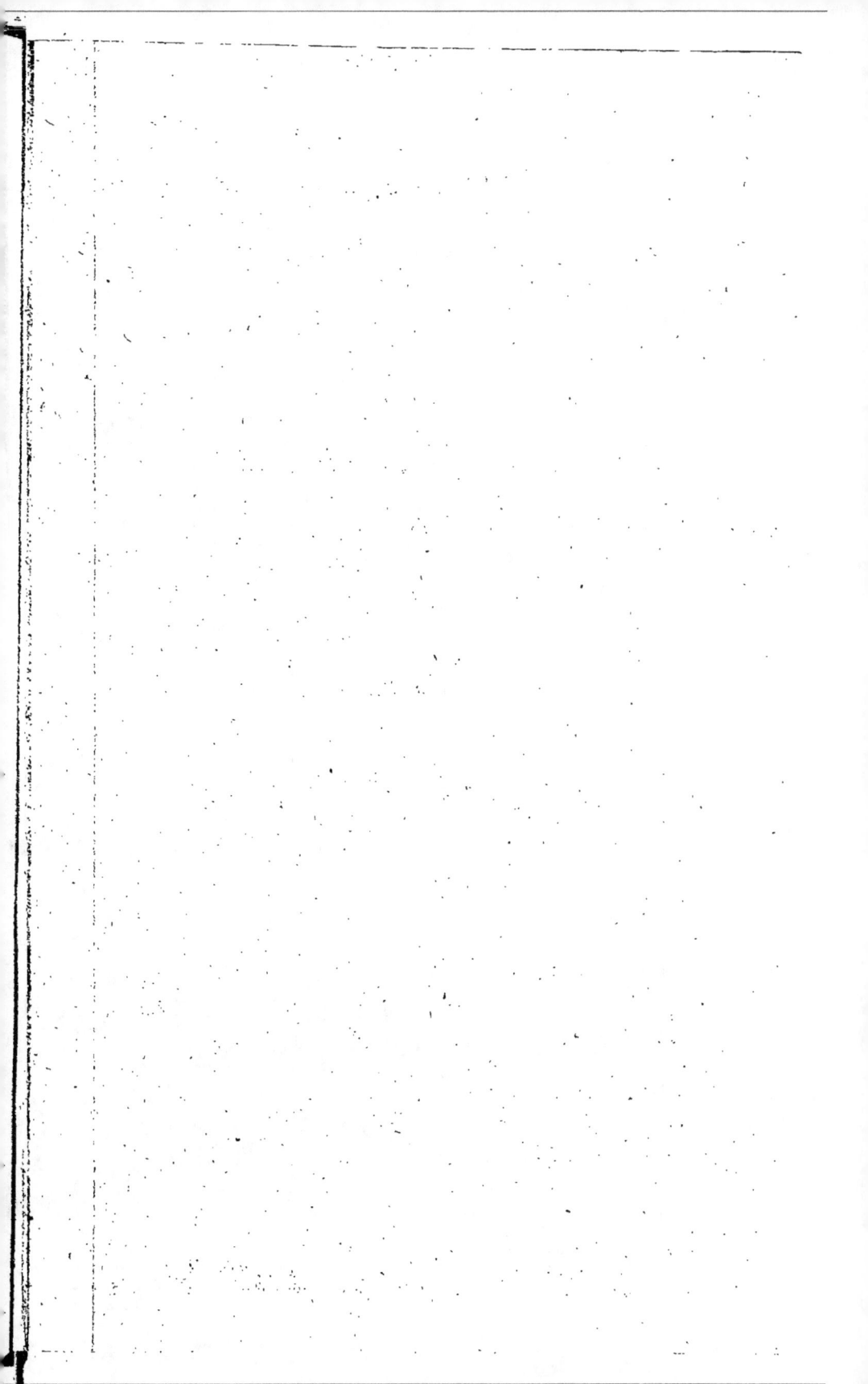

ANGLETERRE

OCÉAN ATLANTIQUE

LA MANCHE

BASSIN DE

I. d'Ouessant
Pte St Mathieu
I. de Sein
Pte de Penmarch
I. de Groix
Belle-Ile

Mts d'Arrée
Mts de Bretagne

BASSIN DE LA LOIRE

Loire

Noirmoutier
I. de Yeu

I. de Ré
I. d'Oléron
Tour de Cordouan

FRANCE
PHYSIQUE
par
G. BÉLÈZE

GOLFE DE GASCOGNE

BASSIN DE LA GARONNE

Dordogne
Garonne
Lot
Aveyron
Tarn

BASSIN DE

ESPAGNE

Monts Pyrénées

Échelles:
Myriamètres et Kilomètres.
Lieues de France de 25 au degré.

Limites des Bassins..........................
Limites de la France..........................
Limites des autres États..........................

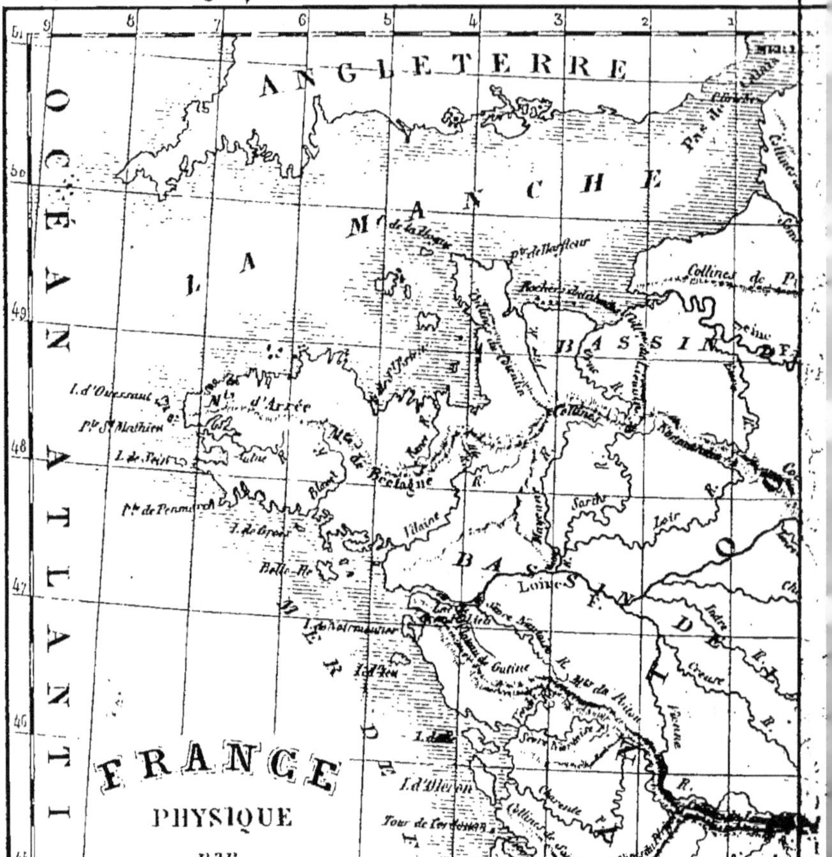

Paris, J. DELALAIN, Im

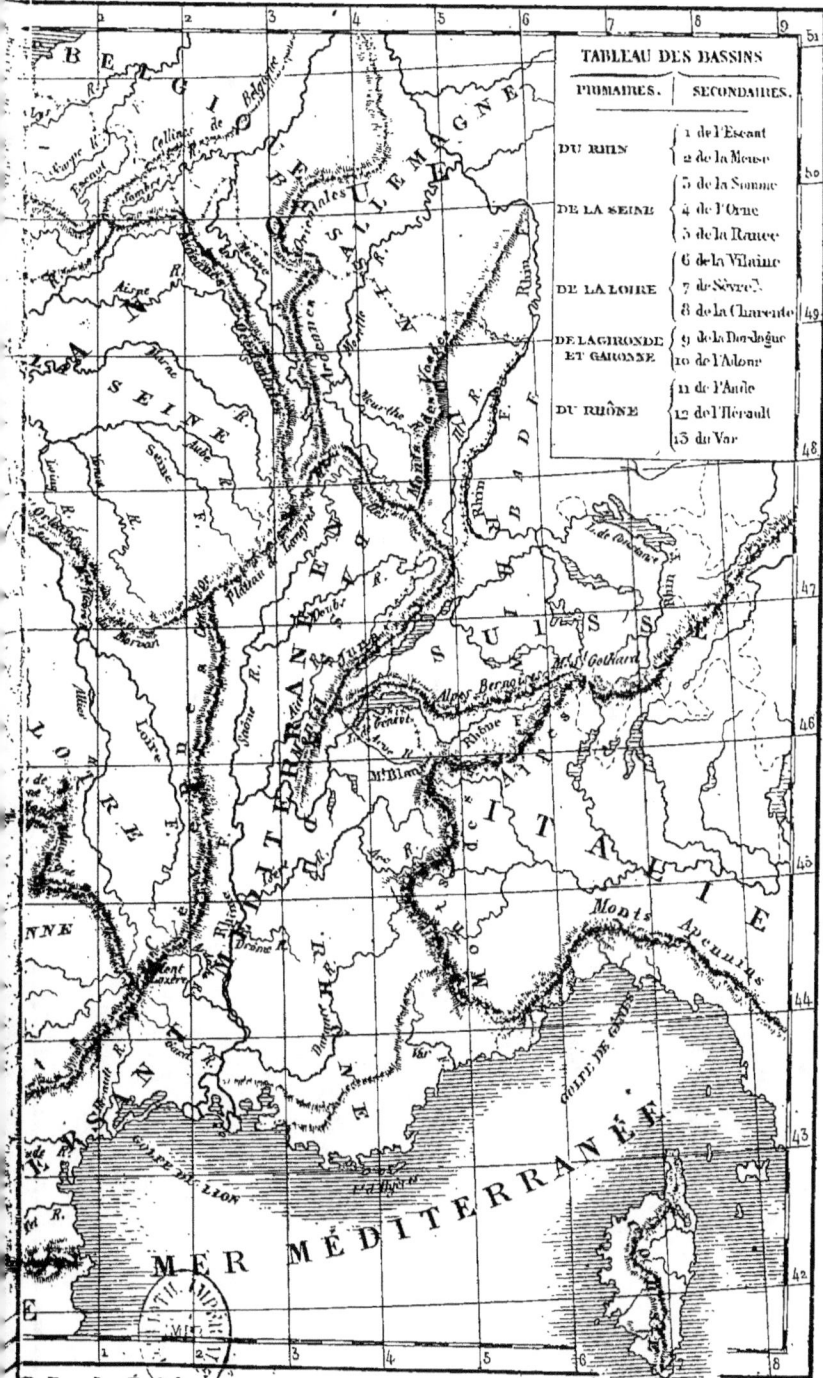

Pl. 7.

MER MÉDITERRANÉE

TABLEAU DES BASSINS

PRIMAIRES.	SECONDAIRES.
DU RHIN	1 de l'Escaut
	2 de la Meuse
DE LA SEINE	3 de la Somme
	4 de l'Orne
	5 de la Rance
DE LA LOIRE	6 de la Vilaine
	7 de Sèvre?
	8 de la Charente
DE LA GIRONDE ET GARONNE	9 de la Dordogne
	10 de l'Adour
DU RHÔNE	11 de l'Aude
	12 de l'Hérault
	13 du Var

BELGIQUE

ALLEMAGNE

SUISSE

ITALIE

SEINE

LOIRE

MER MÉDITERRANÉE

GOLFE DE GÈNES

Monts Apennins

GOLFE DU LION

Mt St Gothard

Mt Blanc

FRANCE
POLITIQUE
par
G. BELÈZE

ANGLETERRE

LA MANCHE

OCÉAN ATLANTIQUE

MER DU

J. de Wight

SEINE INFÉRIEURE
Le Havre — Rouen
Dieppe

CALVADOS
S.Lo — Caen

EURE
Evreux

EURE ET LOIR
Chartres

Alençon
Le Mans

MAINE ET LOIRE
SARTHE

Laval

Rennes
16

CÔTES DU NORD
St Brieuc

MORBIHAN

Quimper

FINISTÈRE
I. d'Ouessant

I. de Sein

Lorient

Vannes

Nantes
18 Angers
Loire

Tours

Blois
CHER

LOIRET
Orléans

10

Napoléon Vendée
19 Poitiers

DEUX SÈVRES

VIENNE

N. de Château

14
CREUSE
Guéret

La Rochelle
C.20

I. d'Oléron
Rochefort — Saintes

21
Angoulême

Limoges

CHARENTE

Périgueux

DORDOGNE

Bordeaux

GIRONDE

LOT

Agen
Lot

Cahors

LOT ET GARONNE
Montauban

Mont de Marsan

LANDES

Auch
GERS

Bayonne
BASSES PYRÉNÉES
Pau — Tarbes
27

HAUTE GARONNE
Toulouse

Foix

Monts Pyrénées

ESPAGNE

Échelles:
Myriamètres et Kilomètres

Lieues de France de 25 au degré.

Chef-lieu de Département .... ⊙
Ports Militaires .... ⊚
Ports Marchands .... ⊙

Paris, J. DELALAIN, Im

Pl.8.

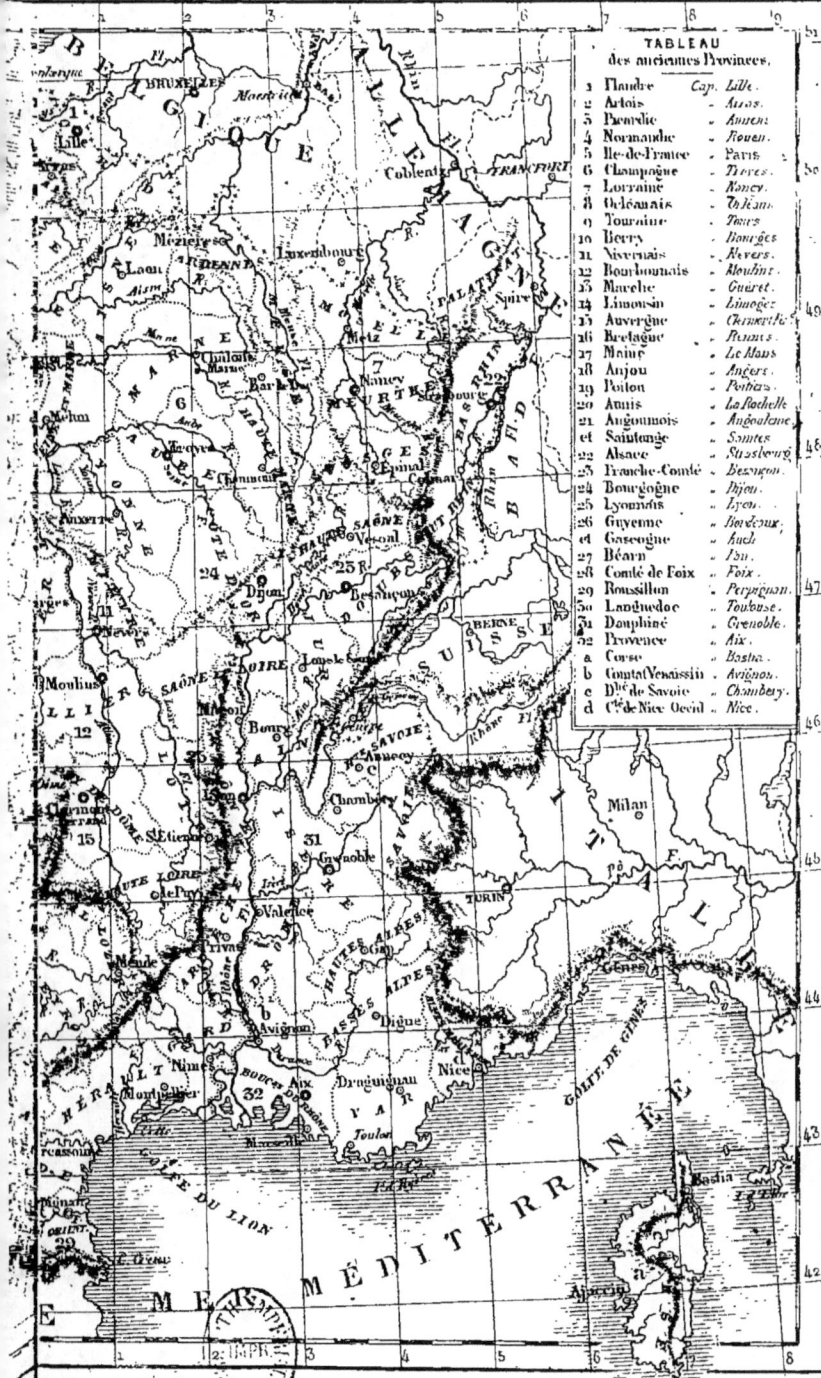

TABLEAU
des anciennes Provinces.

N°	Province	Cap.
1	Flandre	Cap. Lille
2	Artois	„ Arras
3	Picardie	„ Amiens
4	Normandie	„ Rouen
5	Ile-de-France	„ Paris
6	Champagne	„ Troyes
7	Lorraine	„ Nancy
8	Orléanais	„ Orléans
9	Touraine	„ Tours
10	Berry	„ Bourges
11	Nivernais	„ Nevers
12	Bourbonnais	„ Moulins
13	Marche	„ Guéret
14	Limousin	„ Limoges
15	Auvergne	„ Clermont
16	Bretagne	„ Rennes
17	Maine	„ Le Mans
18	Anjou	„ Angers
19	Poitou	„ Poitiers
20	Aunis	„ La Rochelle
21	Angoumois et Saintonge	„ Saintes
22	Alsace	„ Strasbourg
23	Franche-Comté	„ Besançon
24	Bourgogne	„ Dijon
25	Lyonnais	„ Lyon
26	Guyenne et Gascogne	„ Bordeaux / Auch
27	Béarn	„ Pau
28	Comté de Foix	„ Foix
29	Roussillon	„ Perpignan
30	Languedoc	„ Toulouse
31	Dauphiné	„ Grenoble
32	Provence	„ Aix
a	Corse	„ Bastia
b	Comtat Venaissin	„ Avignon
c	Dhé de Savoie	„ Chambéry
d	Cté de Nice Occid	„ Nice

D. Rue des Écoles, 76.

www.ingramcontent.com/pod-product-compliance
Lightning Source LLC
LaVergne TN
LVHW022033080426
835513LV00009B/1020